車社会も
超高齢化

所　正文

心理学で解く近未来

学文社

はじめに

世界の自動車産業は、大転換期を迎えております。二〇〇九年には約八〇年間にわたって世界の自動車産業界に君臨したゼネラル・モーターズ（GM）が経営破綻しました。その破綻は、アメリカでフォード自動車が一九〇八年に「T型フォード」の大量生産を開始した時から一〇〇年が経過した節目の時期であり、まさに「ひとつの時代の終わり」を告げる象徴的な出来事となりました。

日本や欧米先進諸国では自動車がすでに多くの人々に行き渡り、今後市場拡大が見込めないことは明らかです。一方、アジア・アフリカの多くの発展途上国での市場拡大はまさにこれからですが、環境面からの脱石油の要請と原油価格の上昇が先進諸国の自動車産業に構造転換を迫っております。二一世紀も自動車産業が世界をリードしていけるかどうかは、こうした難問に立ち向かいながら、自らを変革できるかどうかにかかっているといえるでしょう。

そして、「二一世紀型への構造転換」が成功すれば、今後も自動車の世紀は続くように思います。その理由は、今や車がなければ、最低限の生活も営めない人間社会の仕組みがつくられてしまい、ルーラルな地域ではそれがより切実であるからです。

そこで、二一世紀型への構造転換ですが、前記のような「市場・環境論的な構造転換」は、もちろん大変重要です。それ故に、自動車交通関係の類書の大半が、この視点から行われているわけです。しかし、これだけでは必ずしも十分ではないように思えます。私は、二一世紀の交通社会のあり方を文化・文明論的な視点からアプローチし、そうした視点から構造転換を図ることが必要であると考えております。

日本や欧米先進諸国では、多くの国民が自動車をもつことによって、ルーラルな地域に住んでいても、都市型のライフスタイルをとることが可能になりました。そして、皆が無秩序に車を使いすぎているために、交通混雑や地球温暖化をもたらし、最終的に人間社会全体の利益が損なわれようとしているわけです。加えて、高齢ドライバーが激増する近い将来において、運転免許を手放さなければならない人が確実に増えていることも自動車文明の新たな問題になっております。

好きな時に好きな場所に出かけられるという移動の自由は、自動車交通のもつ最大の利便性でありますが、我々が生きる二一世紀社会では、自動車文明への過剰適応を見直していかなければなりません。既成の枠組みの中で効率性、利便性を追求する従来型の〈進歩の思想〉は限界にきており、これまで当たり前とみなされていたことを原点に立ち返って、その是非を検討することが、二一世紀社会では、個人においても社会においても必要になるように思います。こうした視点が「文化・文明論的な構造転換」といえます。

本書では、「交通の窓」から二一世紀の日本社会を展望していきます。すでにわが国は、世界でも類を見ない超高齢社会を迎えておりますが、今後ますます進行していくことがもはや避けられません。「交通は社会の縮図」であるとしばしばいわれます。超高齢社会における問題が、交通現場においても顕在化してきております。一例として、認知症ドライバーの問題があげられます。かつては、認知症を患った人が自動車の運転をすることなどは考えられず、運転免許更新の際に認知症の簡易検査が、一定年齢以上の高齢者に対して一律に実施される時代が到来することを、誰が予想していたでしょうか。

一般社会における高齢者の問題では、心理臨床の専門家が問題解決の中核に加わることが多くなってきております。交通現場の高齢者問題においても、同様の構図で問題解決にあたる必要があると思われます。したがって、今後、「交通心理士」の役割が大変重要になると私は考えております。その点を本書の中で明らかにしていきたいと思います。

また、高齢化が進行する日本の地域社会の中で、ボランティア組織を立ち上げ、通学路での朝夕の学童歩行誘導などを率先して行おうする、地域貢献への意欲をもった高齢者が増えております。こうした高い志をもつ高齢者に対して、交通関係団体や市民社会は、効果的なサポートを行っていく必要があります。本書では、それに関する具体的な提案をさせていただきます。

交通事故対策は、自動車の普及当初より発生していた最も古い問題の一つです。一時は大きな社会問題となり交通戦争と呼ばれましたが、交通関連諸科学と実務関係者との連携により、先進諸国では交通事故死者数は徐々に減少してきております。その背景には、交通事故対策での発想の転換があげられます。そうした点も、本書ではふれていく予定です。

欧州主要国でも日本同様にかなり人口の高齢化が進んでおりますが、交通事故死者数全体に占める高齢者の割合が際だって高いのは、なぜか日本のみとなっております。それ故に、超高齢社会へと突き進む日本の交通事故対策の根幹は、「文化・文明論的な構造転換」を同時に進めることに他ならないと考えられます。そして、これが実現すれば、若年者にとっても高齢者にとっても持続可能な社会が構築され、結果的に交通事故死者数も減少するでしょう。

本書は、二〇〇七年に出版した私の単行本『高齢ドライバー・激増時代—交通社会から日本を変えていこう』（学文社）の続編として、その後五年間の研究調査内容を加筆したものです。そして高齢ドライバーの問題以外にも超高齢社会へと突き進むわが国地域社会の問題を心理学の観点から検討し、貢献策を模索した著作であることを申し添えます。

所　正文

目　次

第1章　車社会の限界
——二一世紀型への構造転換の必要性

1．先進諸国の交通事故の状況

(1)　交通事故統計の概況

二〇〇六年以降、日本を含めた欧米先進諸国では交通事故死者数が年々減少しております。これは大変好ましい傾向といえます(図1・1)。しかし、これを達成するまでには大変な努力が積み重ねられ、それは今なお続けられております。本章では、その一部を紹介したいと思います。

図1・1には、一九八四年から二〇〇九年までの四半世紀にわたる推移が示されておりますが、概ね右下がりの減少傾向になっております。ただし、国ごとに個別的に見ると、アメリカは九〇年代前半から二〇〇五年まで緩やかな上昇基調が続いたこと、ドイツは東西統一がなさ

れた直後に大きく上昇したこと、またわが国は、八〇年代後半から九〇年代前半にかけて、先進国で唯一上昇したことなどが特徴としてあげられます。また、図1・1データでは、超大国アメリカの交通事故死者数が突出して多いことだけが印象づけられるため、単位当たりのデータに置き換えてみる必要があります。そうした修正を加えたデータが表1・1です。

まず、人口一人当たりの自動車保有台数を見てみると、日本と欧州諸国は〇・六前後でほぼ同水準といえますが、アメリカは〇・八三と明らかに高くなっております。広い国土を有するアメリカでは、快適な生活を送るために自動車が不可欠になっていることがわかります。それと連動して人口一〇万人当たりの死者数、自動車一万台当たりの死者数において、アメリカの数値が最も高くなっております。こ

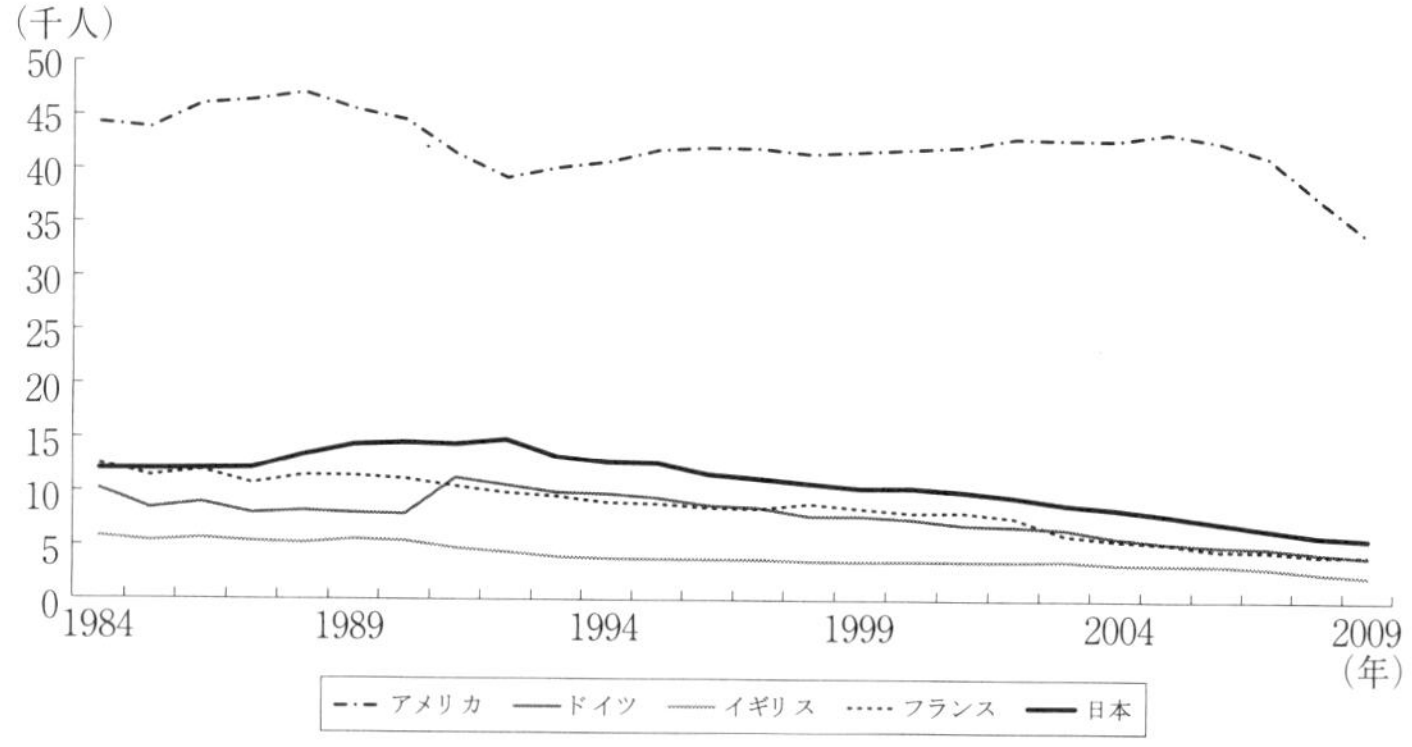

出所：IRTAD 資料による

注：ドイツの値は、1990 年までは旧西ドイツ地域に限る。死者数の定義は事故発生後 30 日以内の死者である。ただし、フランスの 2004 年以前の数値及び日本の 1992 年以前の数値は、30 日死者換算数。

図 1.1　主要国の交通事故死者数の推移（1984 ～ 2009 年）

れは、自動車が広く大衆化している以上、必然的な結果であるように思われます。また、アメリカに次いで前記二指標による事故死者数が多い国はフランスです。フランスは人口一人当たりの自動車保有台数においてドイツとほぼ同じ（ドイツ〇・六一、フランス〇・六〇）ですが、前記二指標による事故死者数ではドイツをかなり上回っており、大変気になります。

しかし、交通事故統計において、交通事故研究の専門家が最も重要視する指標は、前記二指標による事故死者数ではなく「走行キロ数当たりの死者数」になります。すなわち、この場合には、「走行キロ一億km当たりの死者数」です。データを見ると、やはりアメリカの数値が最も高くなっておりますが、他の二指標のように他国と比べて突出して高いわけではなく、フランスや日本と近似した数値であることが注目されます。したがって、アメリカ人ドライバーが、他国ドライバーと比べて必ずしも交通事故を起こしやすいとはいえないことがわかります。

一方、走行キロ当たりの死者数に変換した場合、日本の死

表 1.1　主要国の交通事故統計指標比較（2009 年）

	人口1人当たりの自動車保有台数（台）	人口10万人当たりの死者数（人）	自動車1万台当たりの死者数（人）	自動車走行キロ1億km当たりの死者数（人）
日　本	0.58	4.53	0.78	0.77
アメリカ	0.83	11.01	1.66	0.85
ドイツ	0.61	5.06	0.98	0.59
フランス	0.60	6.84	1.14	0.78
イギリス	0.54	3.78	0.70	0.57

出所：内閣府（2011）から作成
注：アメリカ、ドイツの数値の一部には 2007 年データが含まれる。

者数は、他の二指標で日本を大きく上回っていたフランスとほぼ同じになってしまう点を日本の交通関係者は深刻に受け止める必要があります。これに対して、ドイツとイギリスの数値は、他三か国（米、仏、日）に比べて明らかに低水準であり、この二か国の交通事故対策の取り組みは、大いに評価されるべきでしょう。

(2) 欧米主要国と比較した日本の交通事故の特徴

わが国の交通事故死者数は、一九九〇年代中頃から下降傾向にあり、二〇〇五年には一九六〇年代以降で初めて七〇〇〇人を切るところまで減少しました。さらに二〇〇九年には実に五七年ぶりに年間死者数が五〇〇〇人を下回り大いに注目されました。そして、二〇一〇年もその傾向は続いております。しかし、こうした減少基調に乗るまでには交通関係者の並々ならぬ努力があったことを忘れてはなりません。この理由に関して、『二〇一一年　交通安全白書』では、「基本的には、道路交通環境の整備、交通安全思想の普及徹底、安全運転の確保、車両の安全性の確保、道路交通秩序の維持、救助・救急体制等の整備等、交通安全基本計画に基づく諸対策を総合的に推進してきたことによる」と総括しております。

交通事故死者数は減少基調に入っているとはいえ、交通事故発生件数については、二〇〇四年まで過去最高を更新し続けてきたため、依然として万全を期した安全対策が求められます。交通事故は、経済成長がもたらした代表的な負の産物の一つとされ、二〇世紀後半においてわが国社会は大きな代償を払うことになりました。図1・2はそれを示しております。

高度経済成長期の終盤に顕在化した「第一次交通戦争」はまさに象徴的であったといえます。特に一九七〇年の年間交通事故死者一万六七六五人、負傷者数九八万一〇九六人は、わが国交通史上最悪の記録であり、高度経済成長の影の部分が一気に吹き出たものといえるでしょう。交通教育、交通環境、交通法制などの交通行政が全く未整備な状態で、経済のみが急成長し、効率性だけをひたすら追求した結果が、当時の国民の一〇〇人に一人が交通事故で負傷するという事態を招きました。

当時のわが国の交通社会は、この事態を深刻に受けとめ、直ちに対策に着手しました。とられた主な対策は次の二つでした。

① 交通警察による交通違反の取締り、罰則

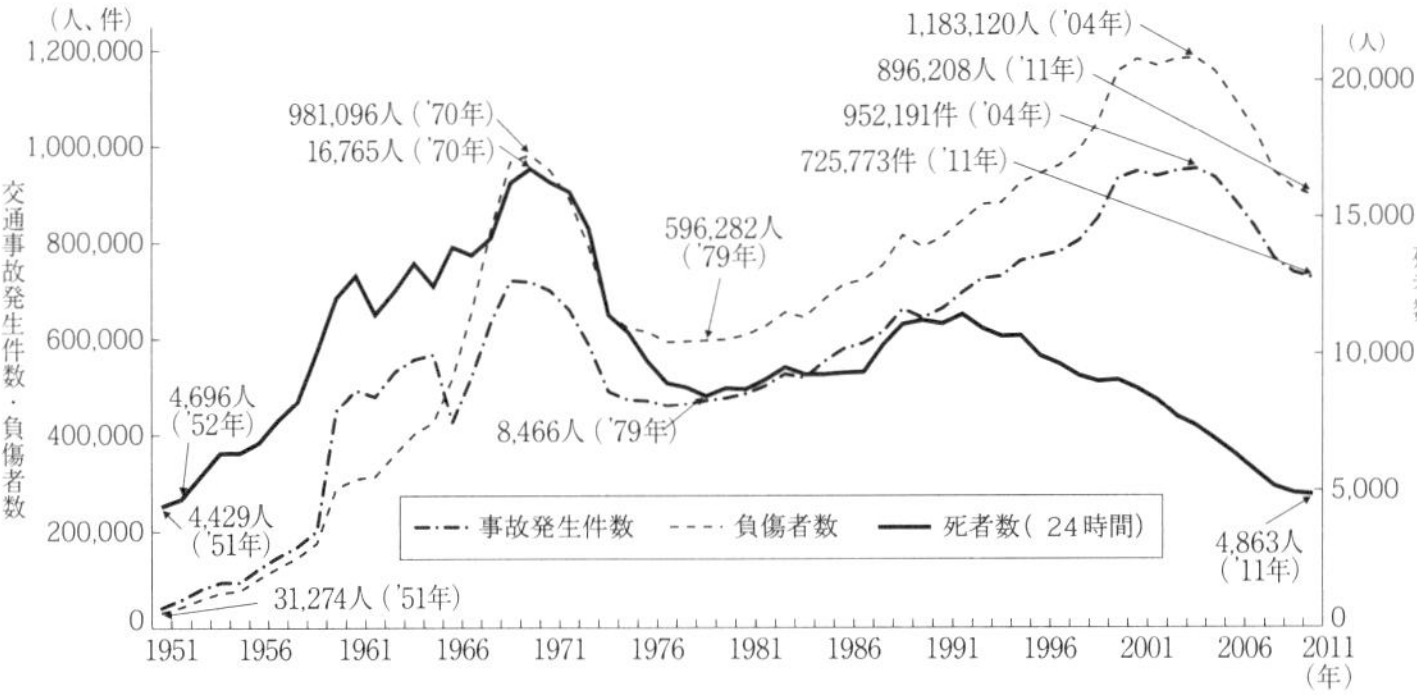

出所：内閣府(2011)

注：1966年以降の件数には、物損事故を含まない。また、1971年までは、沖縄県を含まない。「24時間死者」とは、道路交通法第2条第1項第1号に規定する道路上において、車両等及び列車の交通によって発生した事故により24時間以内に死亡したものをいう。

図1.2　わが国の交通事故発生件数、および死者数の推移(1951～2010年)

の強化

② 信号機、横断歩道、ガードレール等の交通施設の拡充

これらの対策は、速やかに効果を現し、最悪時から九年後の一九七九年には年間死者数を八四六六人にまで減少させました。わずか一〇年足らずで交通事故死者を半減させたわが国の取り組みには、欧米先進諸国も注目したといわれます。

しかし、一九八〇年以降、交通事故死者数は再び増えはじめ、当時の日本は先進国の中で唯一交通事故死者数が増えている国でした。特に八八年より九五年まで連続八年間にわたり、交通事故死者数が一万人を突破したため、この状況は「第二次交通戦争」であるといわれました。第二次交通戦争においては、先進諸国に先駆けての高齢時代を反映し、高齢者の死者数増加が重要な特徴となりました。

その後、交通事故死者数全体に占める高齢者の割

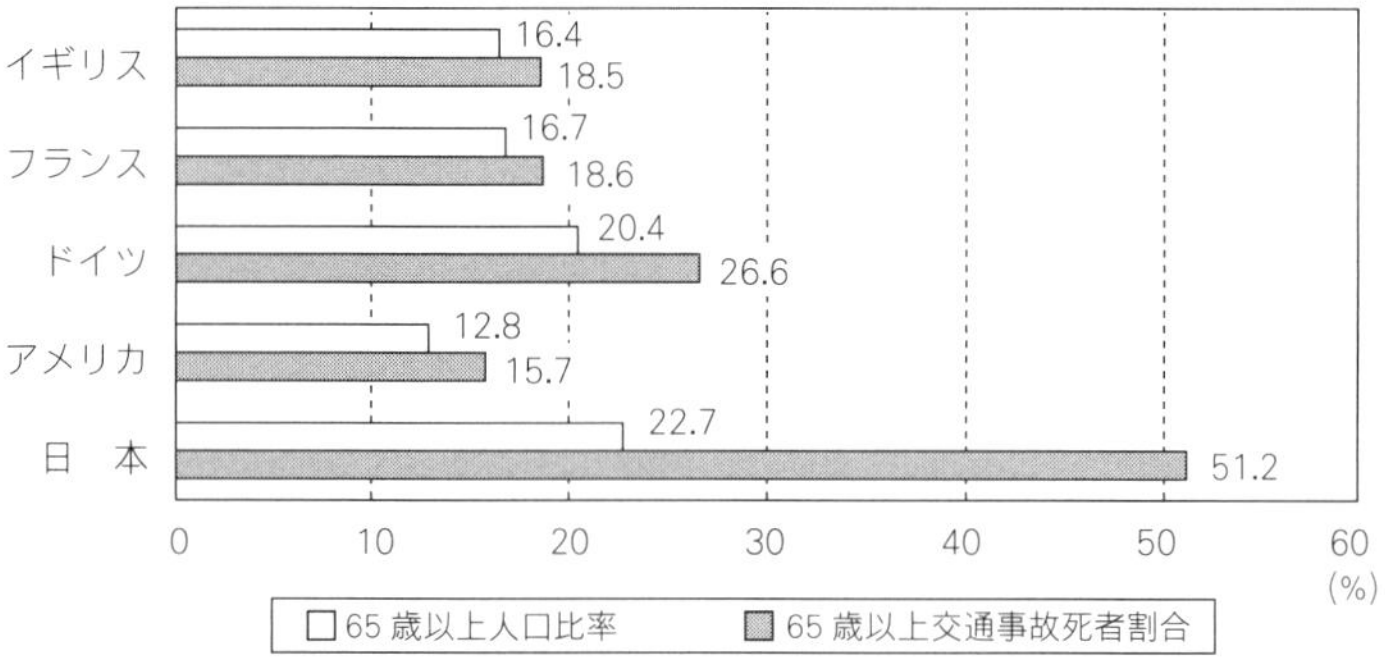

出所：内閣府（2011）より作成

図 1.3　65 歳以上の人口比率と交通事故死者構成率（2009 年）

合は、年々増加しております。二〇〇九年には、全体に占める六五歳以上高齢者の割合は五一・二%と過半数を超えました（図1・3）。いうまでもなく、これは欧米主要国に比べて際だって高い値となっております。わが国が世界でも類を見ない超高齢時代を迎えているとはいえ、年間交通事故死者数の半分以上が六五歳以上高齢者という事実はまさに異常事態といえます。

もう一つのわが国の重要な特徴として、歩行中の事故死者割合が諸外国と比べて高いことがあげられます（図1・4）。欧米諸国の場合、基本的に自動車乗車中の事故死者割合が最も高いという点で共通性がありますが、わが国の場合には異なる特徴を示しております。この理由については、次節において分析したいと思います。

2. わずか四〇年で築かれた日本の車社会

(1) 日本の「自動車最優先主義」によってもたらされた負の産物

わが国では現在、年間交通事故死者数の半分以上が六五歳以上

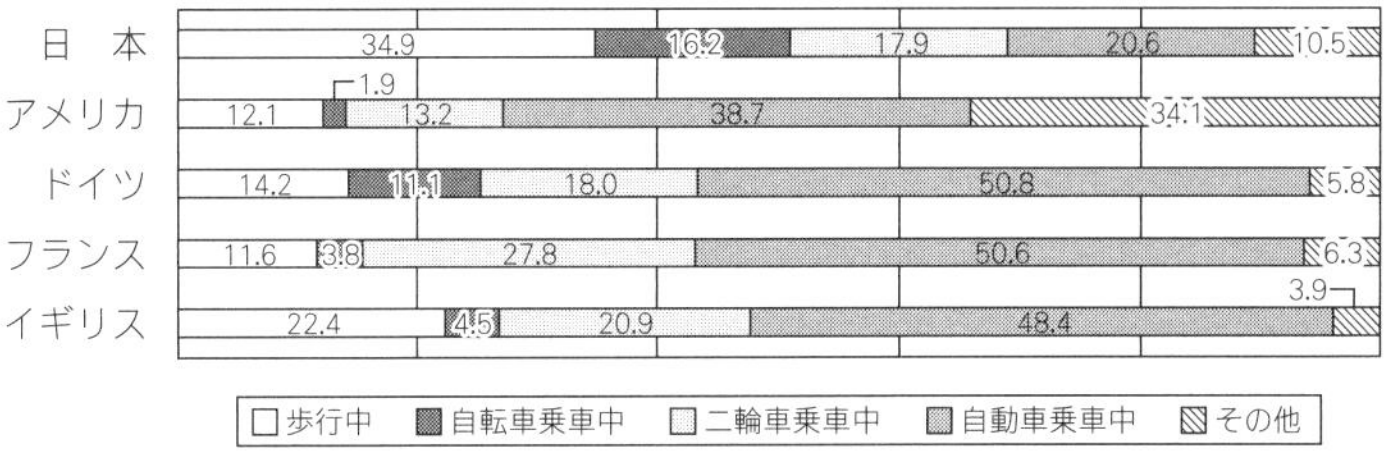

出所：図1.3と同じ

図1.4　欧米主要国と日本の状態別交通事故死者数の構成割合（2009年）

高齢者という極めて深刻な事態に陥っております。そして、六五歳以上高齢者の年間交通事故死者数の約半分が「歩行中の事故死者」であるという事実を見逃すことができません。さらに、この傾向が三〇年以上続いており、一九八〇年代までは「歩行中の事故死者」の割合が、実に六〇%を超えていたことを強調しなければなりません(図1・5)。

交通弱者として犠牲になった高齢者の歩行中の事故死の背景には、道路環境の未整備、とりわけ「歩道」の未整備が深く関わっていると考えられております。これは、わが国交通社会が「自動車最優先主義」によって短期間のうちに構築され、その歪みがこうし

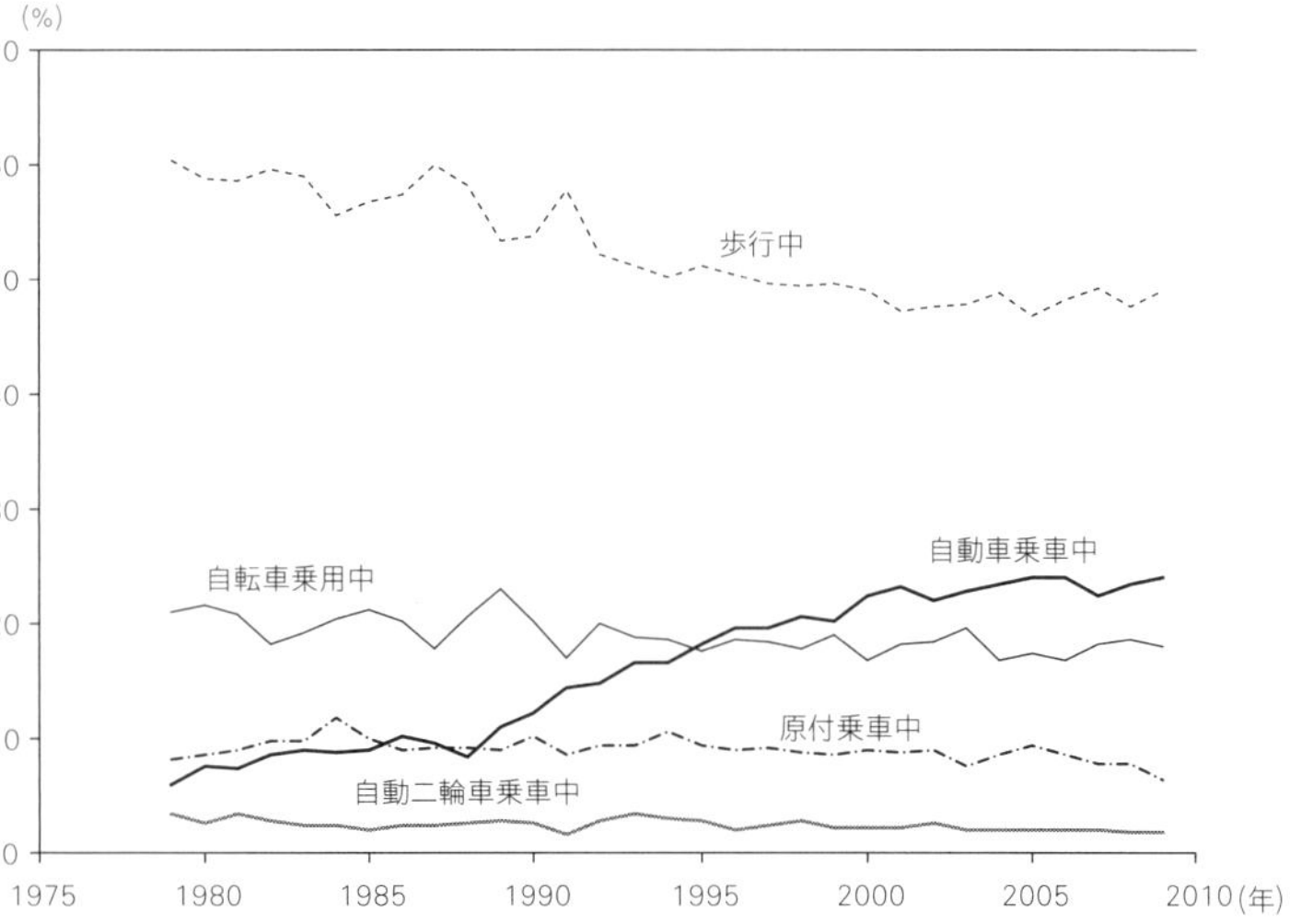

出所：図1.3と同じ

図1.5 65歳以上の状態別交通事故死者割合の推移(1979～2010年)

た形で顕在化したと分析することができるのです。

わが国の自動車保有台数を一台当たりの（赤ん坊から超高齢者までを含めての）人口で算出すると二〇〇五年時点で一・六となっております。すなわち、今や全国民の一・六人に一人が自動車を保有する時代となっております。まさに、国民皆免許時代です。現在の欧州主要国のこの数値もほぼ一点台後半であり、日本の車社会の状況は、ヨーロッパ諸国とほぼ同じ水準にあります。ちなみに現在のアメリカのこの数値は一・三であり、日欧よりもさらに自動車が国民生活に深く浸透しております。

ところで、わが国の車社会は一九七〇年代から本格化し、まだわずかに四〇年程度の歴史に過ぎないことが図1・6から読み取ることができます。一台当たりの人口推移を見ると、一九九〇年代には現在とほぼ同じ一点台後半であり、すでに国民皆免許の状況になっていたことがわかります。そして一九八〇年代には二点台、一九七〇年代には四点前後と、現在よりは一般市民の自動車保有率は多少低くなっております。しかし、一九六〇年代まで遡ると一気に跳ね上がり、一九六五年

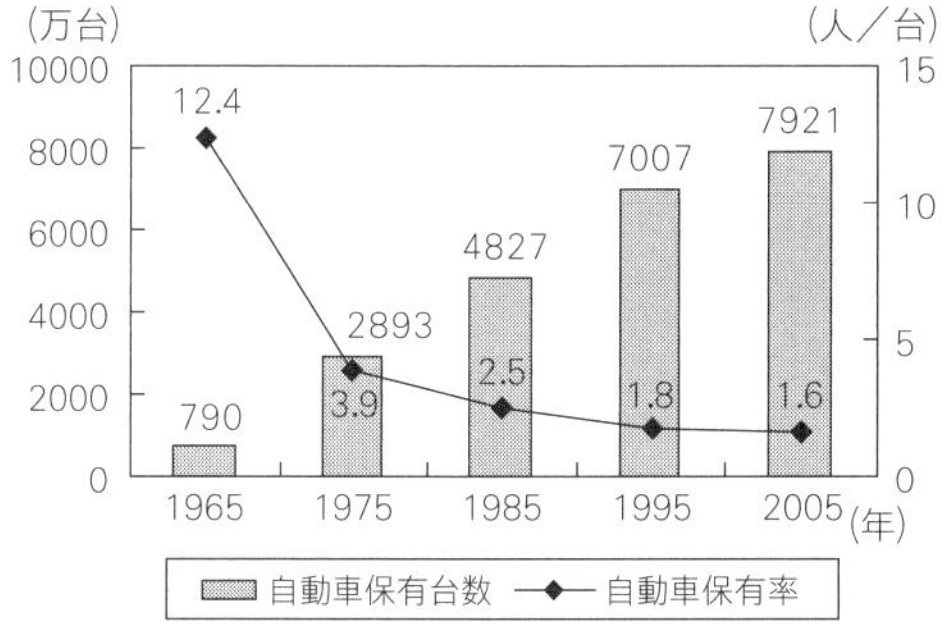

出所：所（2007）

図 1.6　日本国民の自動車保有台数の推移

時点では自動車をもつ人は実に一二・四人に一人となっております。したがって、一九六〇年代には自動車はまだ特別な人の乗り物であり、わが国における本格的なモータリゼーションの到来は、一九七〇年代以降ということになります。高度経済成長により国民生活が豊かになり、それによって、多くの国民が自動車をもつようになったといえるでしょう。

これに対して、欧州ではそれ以前の一九五〇年代から、アメリカではさらに以前の一九三〇年代から車社会が本格化したといわれております。第二次世界大戦後のわが国社会は、欧米にキャッチアップするために、あらゆる面で経済効率最優先の政策がとられたといっても過言ではありません。交通社会においても、日本では経済効率に勝る自動車のみが極端に優遇され、歩行者や自転車は道路の片隅に追いやられていったことに関して、この時代を生きてきた人であれば誰もが実感してきたことであり、否定することはできません。

高度経済成長の波に乗り、日本国内に次々に自動車道が建設されていっても、歩道や自転車道が建設されることはあまりありませんでした。そのため、わが国において、歩道がない道路の端や溝板の上を歩かざるを得ない歩行者の死亡事故が多いことには必然性があり、前節で紹介した二〇〇九年の交通事故統計を見ても、状態別交通事故死者数の三分の一以上を歩行者が占めております。さらに、わが国の歩行中事故死者の七〇％が六五歳以上高齢者であるというのは、超高齢時代を迎えた現在、当然の帰結ということができるのです。

図1・7は、私が居住する茨城県水戸市内で撮影した「歩道のない日本の道路」です。高齢

者が狭い溝板の上を歩いているこうした姿は、決してこの写真の現場に限られたものではなく、日本中の至るところで見られる光景であるといえるでしょう。極めて危険な状況であることはいうまでもありません。

一方、アメリカ、フランス、ドイツをはじめとした欧米主要国においては、歩行中の交通事故死者の構成率は一〇%台前半に留まっております。これらの国々では、自動車のみが優遇されず、自動車─自転車─歩行者の三者が、交通参加者として平等の立場が維持されているため、こうした結果になっていると考えられます。図1・8は、私がイギリス・シェフィールド市内で撮影した「自動車道─自転車道─歩道」に分かれた欧米の一般的道路の形状であります。

こうした状況を受けて、わが国の道路行政

図 1.7　歩道のない日本の道路（茨城県水戸市）

では、新設の道路については、歩道や自転車道の設置を義務づけましたが、明らかに遅きに失しているといわざるを得ません。なぜならば、既存の生活道路において、歩道が設置されていない道路があまりにも多すぎるからです。

今後の対策としては、高齢者や子どもの利用頻度の高い住宅地の道路については、せめてロードハンプ（Road-hump）を設置するなどの対応が求められます。ちなみに、わが国でも二〇〇〇年に道路構造令の改正が行われ、自動車を優先してきた道路整備の発想からようやく脱却し、歩行者や自転車の安全を重視する方向へ政策転換が図られてきております。主な改正点としては、次の点があげられます（所、二〇〇七）。

図 1.8　欧州の道路の一般的スタイル
（英国・シェフィールド）

① 市街地に新設する道路には、原則として歩道と自転車道を設置することを国や地方自治体に義務づける。

② 歩道の幅は、自動車の交通量ではなく、歩行者の通行量に応じて決める。

③ 裏道のような歩道がつけられない道路では、自動車のスピードを抑えるため、路面に突起部分（ロードハンプ）を設けたり、車道の幅を部分的に狭くすることを自治体に求める。

しかし、前記の法令改正が行われて一〇年が経過しても、市民目線からしてハンプが増えたという実感をあまり抱くことができません。この原因は、わが国社会の中に高度経済成長を支えてきた効率主義の思想が依然として根強く残っており、多くの人が自動車を優遇する考え方をいまだに捨てきれないからです。ロードハンプを設置すると自動車の走行にとって危険であるという主張をする人さえおり、根本的な発想の転換が必要になっております。

(2) リスクマネジメントの発想の欠落

歩道の未整備に象徴されるように、わが国の交通環境には、欧米諸国と比べて依然として多くの問題点を含んでいるといわざるを得ません。そのため、わが国の交通事故対策は、問題のある交通環境の改善には目をつぶり、啓蒙・教育を中心とした人間に関わる事故要因を重視してきたところに特徴があります。すなわち、「人が気をつけさえすれば事故は起こらない」という考え方が依然として根強く残っております。この点は交通事故対策上の重大な欠陥点であり、わが国交通関係者が根本的に認識を改めなければならない点であるといえます。事故に結びつくあらゆる可能性を検討し、少しでも可能性があればそれを打ち消していく危機管理（リスクマネジメント）が重要であることは、二〇一一年三月にわが国を襲った未曾有の大震災、津波、そして原発事故が我々に対して大きな教訓を与えてくれております。危機管理において「想定外という言葉は絶対に使ってはならない」ということをここで改めて強調したいと思います。

例えば、すでにご紹介したロードハンプについて少し補足したいと思います。ロードハンプは、欧州では比較的人通りの多い裏道や狭い道路において、ごく普通に設置されておりますが、日本国内ではほとんど見られません。ただし、日本国内においても、狭い住宅地街の道路では時速二〇キロないし三〇キロの速度制限標識は設置されている場合が多いです。しかし、警察官の取締りがなければ、速度制限標識を目の当たりにして時速五〇キロぐらいの速度で走行するドライバーも少なくありません。こうした場合は、速度制限標識は完全に有名無実化してしまっております。したがって、実効力のある交通安全対策としては、速度制限標識を設置した上で、さらにロードハンプを設置することが不可欠であるように思えます。これによって、時速三〇キロ以下で走行させたい箇所では、すべてのドライバーにそれを徹底させることができるはずです。

図1・9は私がイギリス・シェフィールド市内で撮影したロードハンプです。これは、自動車のスピードを抑えるため、横断歩道全体がハンプ状になっております。

また、図1・10はイギリス・ケンブリッジ市内で私が撮影したものですが、住宅街の車道の幅を一定間隔で狭くし、さらにその部分にハンプを設置して一方通行にしてあります。そして、一方通行にする箇所には両方向に“Give way to oncoming vehicles”（対向車線から来る車に道を譲りましょう）という道路標識が表示されてあります。ただし、こうした場合、両方向から来る車が互いに譲り合ってしまい、スムーズにいかないのではないかと私は疑問を抱きましたので、しばらく行き交う車の行動を観察してみました。すると、先にハンプに近づいた車が一時停止線で停止し、対向車線から走行してくる車を待ち、相手に道を譲る、いわゆる“Give way”を行うということが、原則的にルール化されておりました（こちらへ向かって走行してくる車が対向車線上に見える場合でも、それがはるか彼方であり、自車が余裕をもって一方通行のハンプを乗り越えられる場合には、自車が先に行く場合もあります）。各ドライバーの行動は実に見事に統制

図 1.9　ハンプ状の横断歩道（英国・シェフィールド）

されており、ほぼすべての車が閑静な住宅街を速度標識どおりの時速二〇キロで安全走行しておりました。

次に図1・11は、「信号無視による車両進入防止ポール」です。右に見える信号が赤色になっているため、車は止まらなければなりません。しかし、赤信号であっても停止しない車は後を絶ちません。それを阻止する役割を果たすのが、道路と写真奥に見えるロータリーとの境界に立つ二本のポールです。二本のポールは信号が赤色に変わると素早く路面から竹の子のように伸び上がり、赤信号を強行突破しようとする車を実力阻止します。すなわち、信号無視の車は鋼鉄のポールにぶつかり自車を損傷することになります。そして、信号が青色に変わると一瞬のうちに、今度は路面のなかにしまい込まれます。赤色は停止、

Give way to
oncoming
vehicles

図 1.10　車道幅を狭め一方通行化した道路（英国・ケンブリッジ）

青色は進行可という万国共通の交通規則をすべてのドライバーが遵守すれば、このような道路施設は必要ありませんが、守らないドライバーも少なからず存在するため、こうしたものが必要になるわけです。ちなみに、図1・11はイギリスが世界に誇る一六世紀の文豪シェークスピアの生地、ストラットフォード・アポン・エイボン（Stratford-upon-avon）において私が撮影したものです。この地には多くの観光客が外国からも訪れるため、コストのかかるこうした道路施設が特別に設置されております。

信号や交通標識を設置しておけば、それですべて安全ということではありません。なぜならば、交通規則を守らない人が一人でもいれば、一気に危険が迫ってくるからです。そのため、道路環境や交通施設面からの緻密な

図 1.11　車両進入防止ポール（英国・ストラットフォード・アポン・エイボン）

配慮を施した「リスクマネジメント」の対応が求められ、人に注意を促すだけの啓蒙・教育による交通事故対策の限界を認めざるを得ません。交通規則を守らない人によってもたらされる危険を阻止するために、イギリス交通社会ではさまざまなリスクマネジメントが施されておりますす。リスクマネジメントの考え方は、とりわけ高齢者や子どもの安全確保において大変重要であるといえます。コストのかかる対策ではありますが、先進諸国の中で際立って歩行中の事故死者数が多いわが国においては、根本的に発想を転換して、交通環境要因を重視したリスクマネジメントの発想を導入していくべきであるように思います。

(3)「馬車の時代」がなかった日本の交通社会

「すべての道はローマに通ず」という有名な言葉がありますが、このローマに通ずる道とは馬車道であったといわれております。「全線敷石舗装を義務づけられた幹線だけでも三七五本、その全長はおよそ八万km、これに砂利舗装の支線を加えると一五万kmになる」(塩野、二〇〇一)といわれ、ローマ街道は軍用道路として整備され、そこを軍用馬車が疾駆したと考えられております。したがって、歩行者にとって道路は危険極まりない場所であったと想像されます。そのため、ローマ帝国では、市内の道路はいうまでもなく、市外の街道にも歩道を設置しました。馬車が真ん中を走り、その両脇に三~五mの歩道を設置して、現在に至るまで、改修しながら使われているといわれております(川勝、二〇〇六)。そして、この道路は、現在ではいうまでもなく、馬車道ではなく自動車道になっているわけです。

このようにヨーロッパ交通社会においては、道路に自動車が大量に侵入する以前に馬車全盛の時代が長く存在しており、その歴史は古代ローマ時代まで遡るということです。そして、その間も馬車道と歩道とがきちんと区別されていたということが重要であり、この時代に造られた歩道が現在に至るまで継承されていることを強調しなければなりません。

これに対して、日本の道路はどうでしょうか。結論からいえば、日本には馬車の時代は存在しませんでした。そのため、馬車道はなく、それに伴う歩道が設置されることもありませんでした。それでは、昔の日本の道路の設置目的は何であったのでしょうか。その答えは、徒歩で移動する人のための道路（歩道）であったといえます。こうしたヨーロッパとは全く違った形態の道路に二〇世紀の半ば以降にいきなり大量の自動車が侵入してきたため、交通弱者である歩行者にしわ寄せがきてしまったと考えられます。わが国産業社会が経済効率を重視し、交通場面において自動車最優先主義を採り、歩行者保護を軽視してきた面ももちろん看過できませんが、馬車の時代を有していなかったことも、欧米諸国に比べて道路環境整備の遅れが大きい重要な要因の一つになっているように思われます。

ちなみに、わが国がなぜ馬車の時代を経ないで現代を迎えたかについては、国土の周りを海に囲まれていることを根拠とする考え方が有力のようです。自動車や鉄道が主要な物流の手段となる以前は、馬車ではなく船を用いた水運によって物流が行われたということのようです

（川勝、二〇〇六）。こうしたところに日本的特性を見ることができるわけです。

3．欧州で展開する脱自動車社会構想

欧州先進諸国の交通社会では、もはや自動車中心の交通は限界に達していると理解され、脱自動車社会に関する取り組みが始められてきております。この背景には、以前から指摘されている交通事故や交通渋滞の問題に加えて、近年では排気ガスによってもたらされる環境問題が大きな関心を集めているからです。こうした問題に加えて、わが国の場合、欧米諸国よりも一足早く超高齢社会を迎えているため、運転断念を迫られる高齢者が今後増え続けることが避けられない状況にあります。高齢者の移動手段を確保するために新たな交通システムを真剣に検討する段階に入っていることは間違いありません。

わが国と同じく狭い国土の中で車社会を展開しているヨーロッパ諸国では、必ずしも自動車中心ではない自動車と公共交通機関とを共存させた交通社会のあり方をいろいろと模索しはじめております。本節では、そうした検討過程における二つの交通システム、あるいは考え方を紹介することにしたいと思います。いずれも従来の日本人の価値観にはないものばかりです。二一世紀においては、こうした考え方が必要であるように思えます。

⑴ コンジェスチョンチャージ（ロンドン）

交通渋滞税と呼ばれるものであり、ロンドン中心部の混雑を減らし、このエリアの道路を有効活用し、すでに十分に発達している地下鉄、バス等の公共交通機関をより有効に活用することを目的に二〇〇三年二月より実施されております。簡潔にいえば、ロンドン中心部へマイカーで乗り入れると課金されるというシステムです。

具体的には、平日（月～金）の午前七時から午後六時までの間に所定のエリア内（図1・12の太い点線の枠内）に自動車で乗り入れると一日一台につき一〇ポンド（約一三〇〇円）を支払わなくてはなりません。なお、バイクなどの二輪車や電気自動車系の環境対応車、バスやタクシーなどは対象外となります。課金の支払いは利用九〇日前から当日までの間とされ、当日を過ぎても未納の場合には罰金が科されます。ちなみに罰金は、支払い遅延が一～一四日で六〇

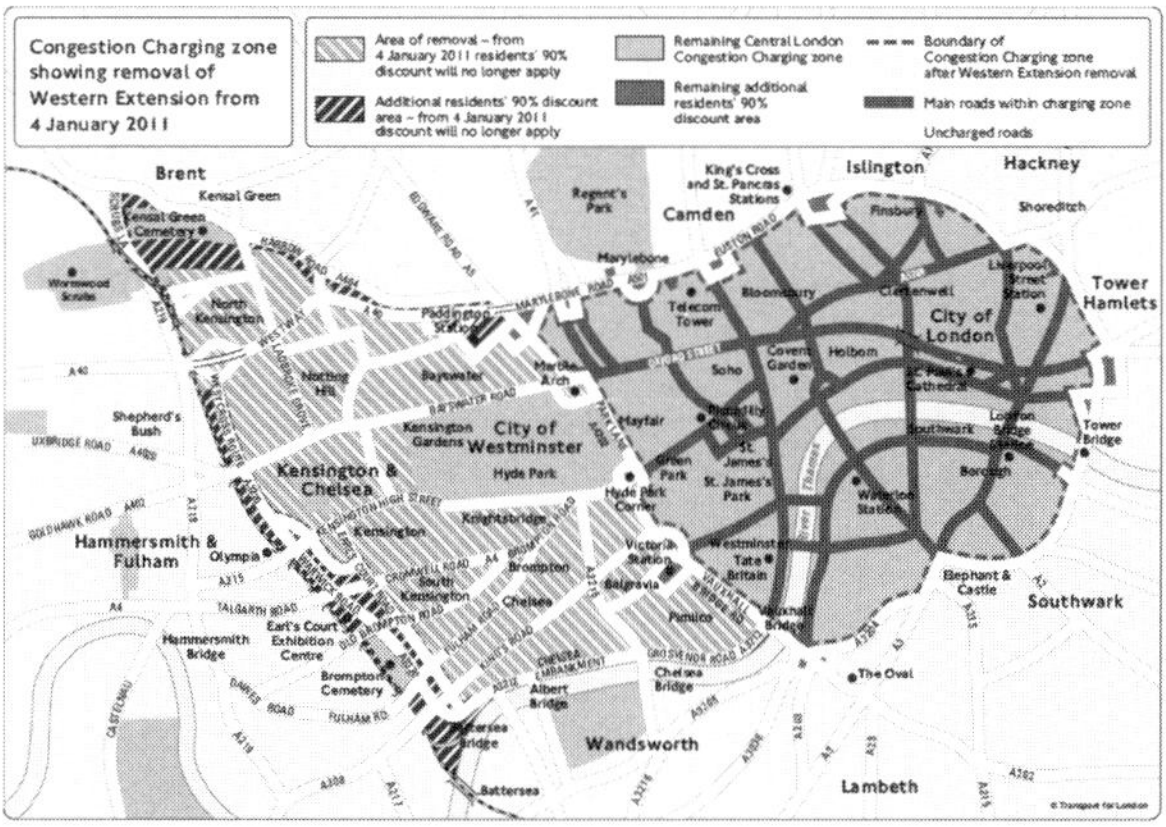

出所：http://www.tfl.gov.uk/assets/downloads/cc-zone-showing-removal-4Jan2011-m

図 1.12　ロンドンのコンジェスチョン・チャージの地域エリア

ポンド、一五～二八日で一二〇ポンド、二九日以上で一八〇ポンドに増額されます。ゾーン内に設置されている監視カメラで自動車のナンバープレートを撮影し、これをデータベースと照合して課金の支払い状況がチェックされるため、一歩でもゾーン内に立ち入った場合には、たとえ数分とはいえ課金の支払い義務が生ずるという大変厳格なものです。ただし、一度課金を支払えば当日は何度でも出入り自由になります。また、ゾーン内居住者も課金対象者となりますが、九〇%以上の割引が適用されます。

図1・13～図1・17は、二〇一一年八月に私がロンドン市内を調査して自ら撮影したものです。市内の街角の隅々に監視カメラ設置されていることがわかります。街路樹の中にカメラが潜んでいる場合もありました。システムをつくった以上、きちんと機能させなければ意味を成さず、徹底した Enforcement を実行しているロンドン警察当局の強い姿勢をわが国当局も見習う必要があると感じた次第です。

渋滞税の導入によって、「交通量が一五%程度減少し、交通渋滞は三〇%解消した」とロンドン行政当局は発表しているため、一定の効果があると見られます。さらに、交通量の減少は、当然ながら自動車の排気ガス削減にも繋がっており、ロンドンのコンジェスチョンチャージは、元々の目的は交通渋滞の緩和ではあっても、中心部の交通量が減ることにより、結果的に環境へも大きな貢献をもたらすことになったといわれております。そのため、現在では、むしろ環境問題の観点から諸外国から大変注目を集めております。

図 1.13　コンジェスチョンチャージの地域エリア内であることを示す標識

図 1.14　監視カメラ設置を示す標識

図 1.15　市内に設置されている監視カメラ(1)

図 1.16　市内に設置されている監視カメラ(2)

私はロンドンに本社のある日系物流企業を訪問し、コンジェスチョンチャージの効用について駐在員の方々に対してインタヴュー調査を行いました。主な内容を整理すると次のようになります。

① 公共交通機関を利用しようとする市民意識は格段に高まった。

② 地球環境問題に対する関心も高まり、積極的に問題解決に貢献していこうという市民意識が出てきたように思える。その一例として自転車利用が高まってきている。しかし、市民目線からして安全走行とはいえない面も見受けられる。

③ 物流業者としては顧客に対して利用コストとして転嫁していない。

④ 監視カメラが市内の道路の隅々に設置され、後日証拠写真付きで反則金が請求される。監視カメラはスピード違反や駐車違反の摘発にも利用され、二〇一一年八月に起きた「ロンドン暴動」での犯人検挙の際にも重要な役割を果たしたと報道されている。

⑤ イギリス（特にロンドン）には、旧植民地をはじめとした世界各国から多種多様な人々が来訪して生活しているため、防犯上、監視カメラの役割は大きいといえる。

ロンドン市内での自転車利用に関しては、図1・17のような駐輪場が市内の至るところに見られます。すべて同系統の駐輪場であり、A地点で乗った自転車をB地点で返すことができる大変便利なシステムです。コンジェスチョンチャージの導入に伴い、レンタサイクル事業（Cycle Hire）として展開されております。

ロンドンでのコンジェスチョンチャージ導入は、必ずしも交通事故対策を目的として行われたものではありませんでしたが、結果的に交通事故を減らす上で大きな効果をもたらしたといえます。そして、快適な市民生活を継続していく上でも大変重要な都市政策であると思われます。

渋滞税とほぼ同義のものに、「ロード・プライシング」というものがあります。これは、交通渋滞や環境対策のために、都心部の一定範囲内に限って道路を有料化して交通量を削減しようという交通政策です。シンガポールなどですでに導入されており、公共交通機関が充実している世界の大都市において導入へ向けた検討がなされております。

図 1.17　市内に設置されている駐輪場

(2) カー・シェアリング(ドイツ・フライブルグ)

ドイツ・フライブルグでは一九九二年頃からカー・シェアリングが普及し始めております。これは、ロンドンで行われているCycle Hireの自動車版ということができます。私は、二〇〇九年八月にフライブルグを訪問し現地調査を行いました。同市は人口二二万人の地方都市であり、前項で紹介した世界的な大都市であるロンドンとは対照的ではありますが、どちらも脱自動車社会を進めているという点において共通性があります。

フライブルグ市内のカー・シェアリング会員数は約二五〇〇人であり、八〇台の車が、市内の五〇箇所のカーポートに配置されております(図1・18)。会費は月間四ユーロ(約四四〇円)、利用料金は一時間当たり一ユーロであり、会員の月間平均利用料金はお

出所:http://www.eic.or.jp/library/pickup/pu050317.html

図1.18 市内に設置されているカーポート(ドイツ・フライブルグ)

よそ五〇～一五〇ユーロとのことでした。ちなみに、コストの面では月間平均利用料金が二〇〇ユーロを超える場合には、マイカーを購入したほうが効率的であるとのことです。会員の多くは都市部のホワイトカラーであり、市内の移動には基本的に自転車を利用しているとのことです。

フライブルグ市内の「自転車」の交通分担率は約三〇％であり、六km以内の移動には自転車が最適であるため、通勤等に利用する人も少なくありません（図1・19、筆者撮影）。スピードを出し、少々の悪天候でも走行できるドイツの自転車は、日本のいわゆる「ママチャリ」とは異なります。したがって、自転車道がきちんと整備されていることはいうまでもありません。

地方都市であっても、市民は過度に自動車に依存せず、近距離の移動には自転車を利用し、路面電車、自動車、自転車を移動目的に応じて使い分けているところにフライブルグの特色が

図 1.19　専用道路を走る自転車
（ドイツ・フライブルグ）

あるといえます。マイカーをもつことをステータスシンボルと考える人は、カー・シェアリング会員にはならないようです。

次に「路面電車」ですが、フライブルグの公共交通機関の象徴的存在となっており、早朝五時から深夜一二時三〇分まで、ほぼ七分間隔で運行しております(図1・20、筆者撮影)。さらに週末の金・土曜日には、深夜一時以降も若者の飲酒運転事故を回避するためにディスコバスが運行しております。

路面電車の昇降口の低さは、高齢者のための重要なバリアフリーの一つといえます。ただし、乗り降り時間を短縮することが、昇降口を低くしてある本来の目的であり、結果的にこれがバリアフリーにも役立っているとのことでした。高齢者や障害者への配慮が副次的目的であったというのは意外な事実でした。また、路

図1.20　市内を走る路面電車
（ドイツ・フライブルグ）

面電車は車両ドア数が多いため、短時間で多くの乗客の乗り降りを可能にさせております。さらに、無駄な停車時間を省くために、ドア開閉時間が極力短く調整されているとのことでした。

路面電車は交差点で自動車よりも信号優先を得る場合が多いということも、ドイツの道路交通現場を観察することによって気がつく点です。これは、道路上で公共交通機関である路面電車を自動車よりも速く走らせようとするドイツ交通社会の基本的考え方であるとのことです。結果的に路面電車は平均時速約二五キロで走行することができ、平均時速一八～二三キロ程度の自動車を上回るとのことでした。行政サイドが市民に対して公共交通機関の利用を奨励しても、利便性においてマイカーに勝るものがなければ、結局のところマイカー利用者が多くなってしまうでしょう。そのため、フライブルグの交通行政当局は、脱自動車社会を実現するために、前記のようなさまざまな工夫を凝らして努力していることがわかります。

最後に「自動車」ですが、自動車交通は国民生活にとって欠かせないものであるといえます。とりわけ、公共交通機関の発達が不十分な地域に生活する人たちにとって、自動車をもつことは、生活を維持する上でやはり不可欠であるといえます。ドイツにおいて人口一〇〇万人以上の都市は、ハンブルク、ミュンヘン、ベルリンの三都市であり、基本的に人口は分散しているため、自動車交通は今後も国民生活の生命線となり続けると思われます。その際、とかく身勝手になりやすいマイカー利用者に対しては、厳しい交通ルールが適用されているのが欧州交通社会の特徴であるといえます。

私がフライブルグでインタヴュー調査を行った村上敦さん（現地在住の日本人環境ジャーナリスト）は、マイカーを所有せず、フライブルグの優れた公共交通システムを利用した生活をされている一人です。村上さんによれば、マイカーを保有した場合、コスト的に一か月当たり七万円程度の出費（購入費用、保険、税金、燃料費、駐車場、車検などを月当たりで計算）が見込まれるとのことですが、保有しない場合には四万円もかからないですむそうです。村上さんの場合、地域定期券（バス、路面電車、近郊電車が乗り放題）、カー・シェアリング、自転車、タクシーなどを組み合わせて移動しているとのことでした。

マイカーを所有しないデメリットとしては、歩く距離が長くなり、冬の寒さによる快適性の軽減は否めないとのことですが、一方、メリットとしては、コストの面ばかりでなく、公共交通機関の利用によって自らの交通事故遭遇のリスクが大幅に軽減していること、さらに自然環境や地域経済への貢献など、数多いとの話でした。

(3) コンパクトシティーと住居の移動（欧州全体）

欧州では、ルーラルな地域であっても公共施設や公共交通機関を利用するために、人々は町の中心地に居住することを選択しております。こうした街づくりの考え方は、コンパクトシティーと呼ばれ、すでに欧州では広く普及しております。人口三〇〇〇人程度の村にも鉄道駅一つとバス停二つがあり、朝夕には一時間に二本、昼間は一時間に一本程度の割合で中規模都市へ通じております。地域住民の多くは、マイカーに依存した生活よりも、基本的に徒歩や公共交通機関を利用するライフスタイルを選択しているといえるのです。

また、欧州の中規模都市のおいては、二〇世紀後半において車社会が本格化しても道路から路面電車が駆逐されることはありませんでした。その理由は、都市交通において、公共交通機関とマイカーがきちんと役割分担を行っていたからです。

一方、戦後のスローガンが「欧米に追いつけ、追い越せ」であった日本は、交通場面でも他の交通機関と比べて効率性において優れる自動車が重視されたため、一九七〇年代になると、道路から路面電車や自転車が駆逐されてしまいました。豊かになった日本人は次々にマイカーを購入したため、量販店、病院、公共施設は、広い駐車場を確保するために郊外への移転を余儀なくされました。これによって、地方都市の中心部は空洞化してしまいました。そして、マイカーをもたなければ買い物にも病院へも行けなくなるため、日本の高齢者は、少々の健康上の問題が生じても運転免許をもつことに執着せざるを得ないのです。

これに対して、欧州の高齢者は、一定の公共交通機関が整備された居住環境で生活しているため、運転断念にあまり抵抗がないように思えます。また、欧州の地方都市は、現在も町中心部が、依然として文化、経済、教育の拠点としての役割を担っており、この点は、今や空洞化し寂れてしまった日本の地方都市と決定的に異なる点であると思われます。

加えて、欧州人は、住居についても日本人と考え方が異なるようです。彼らは子育ての時期には、部屋数の多い大きな家に住むことを希望しますが、子どもたちが成長して巣立った後には、夫婦だけで効率よく住める小さな家に引っ越すことが多いようです。欧州では、不動産は一般に購入時の価格で売却できるといわれております。彼らは高齢になると公共交通機関が整備された日常生活が便利な町の中心部へ移住することを希望することが多く、不動産を売却することや居住地を変えることに対してあまり抵抗がないといわれます。この点についても日本人と欧州人との違いを見いだすことができます。したがって、欧州には、分譲地を購入した若い人々が長期間定住し、町全体が高齢化してしまった東京の多摩ニュータウンのような場所は基本的に存在しないといえます。

コンパクトシティーの街づくりの考え方、および欧州人の住居に対する考え方は、超高齢社会を迎えた日本においても、導入に向けた検討が必要であるように思われます。しかし、家族観や人生観に関わる問題だけに、安易に欧州のシステムをそのまま導入することには慎重にならざるを得ない面があるといえるでしょう（所、二〇一一a、二〇一一b）。

第2章　交通事故対策と交通心理士という資格

1．交通事故対策の基本原則「4E」

(1)　人間行動の法則と交通事故対策の枠組み

二〇世紀前半のゲシタルト心理学者クルト・レヴィン（Lewin, K.）が提示した人間行動の法則［B=f（P, E）、人間の行動（Behavior）は、人間の特性（Person）と置かれている環境（Environment）との関数で表わされる］をまず紹介したいと思います。この法則は、現在も人間の社会行動をとらえる際に大変重要な示唆を与えております。

交通安全対策の枠組みを、この法則に当てはめて考えると大変わかりやすくなります。すなわち、道路上で交通事故を回避するためには、まずドライバー自身が安全行動を取る必要があります。そして、その方法には、外部からの心理的な圧力によって行動変化を強制的に行わせるものと、十分納得させて自発的に行動変化を行わせるものと二種類があります。

しかし、十分な安全行動がとれない人であっても、交通環境を整備することにより、交通事故を回避することはもちろん可能です。信号や歩道が整備されれば、交通事故が減ることはいうまでもありません。また、優良ドライバーであっても事故を起こす可能性が決してないわけではなく、それを回避するためには交通環境の整備が不可欠となります。前章で紹介したリスクマネジメントの考え方がその代表的なものです。すなわち、交通事故対策は、人間の特性（Person, P）と交通環境（Environment, E）の二側面から検討することが効果的であり、基本図式は次のようになるとされております。

●P：ドライバー自身（Person）に対して安全行動を求める
①外発的な強制～取締り（Enforcement）
②内発的な変化～教育と啓蒙（Education）&（Encouragement）

●E：交通環境（Environment）の改善促進を図る
①道路構造、交通施設等の改善
②交通参加者の意識変革
③安全車両の技術開発

次項以降では、これらについて、補足説明をしていきたいと思います。

(2) ドライバー自身への安全行動の働きかけ

これには、Enforcement（取締り）、Education（交通安全教育）、そして、Encouragement（啓蒙活動）の三つが含まれます。

Enforcement（取締り）は、交通違反者に対する免許取り消しや罰金を科すなどの交通警察行政の任務をさします。違反者を取り締まるということは、心理学の動機づけ理論からすると外発的動機づけの立場をとっており、適切な行動をとれない者に対して罰を与え、態度や行動の変容を強要するということです。すなわち、アメとムチでコントロールすることが最も効率的であるという考え方に基づいております。

わが国では、飲酒運転に対する罰則等が強化された二〇〇二年以降、交通事故死者数は大幅に減少しました。さらに二〇〇六年以降は、飲酒運転根絶に対する社会的気運が一段と高まったため、二〇一〇年の飲酒運転が絡む交通死亡事故発生件数は、二〇〇〇年と比較して、実に四分の一以下（七七・五％減）になっております。

このように、外発的動機づけの手法には一定の効果があることがわかります。しかし、取締りには厳格性がなければ、効果の持続性と交通行政当局への信頼感が得られません。そうした点では、前章で紹介したロンドン市内の取締りは徹底しており、まさに模範的であるといえます。スピード違反、駐車違反、車両進入禁止エリアへの乗り入れ等に関して、監視カメラで厳格にチェックしており、違反者に対しては証拠写真付きで罰金請求が行われるという徹底ぶりです。さらに、罰金の納付が遅れれば、延滞金が加算されるという、日本にはないペナルティーも存在します。「自動車は便利な乗り物ではあるが、そのためには、交通社会人としてのルールをきちんと守らなければならない。守らなかった場合には、厳しいペナルティーが科される。これがヨーロッパ交通社会で共通して言えることだ」と欧州滞在歴の長い日本企業の駐在社員は話しております。ちなみにこの社員は、欧州のパーキングエリアでは、一時間程度で済みそうな用事でも、念のため必ず二時間分の駐車料金を入れるようにしているとのことです。

次にEducation（交通安全教育）ですが、これは交通規則を守ることの重要性を論理的、具体的、体系的に示し、安全態度を醸成していく方法です。適切な手法で実施されれば、変容した態度や行動の持続性はかなり高いといわれております。心理学的には内発的動機づけの立場が採られております。運転免許を更新する際に行われる講習は代表的なものであるといえます。また、七〇歳以上の高齢者の場合には、「高齢者講習」と呼ばれる特別な講習が運転免許更新時に義務づけられており、わが国では、同講習が高齢者の自動車事故対策の切り札的役割を期待されております。

同講習は、一九九七年の道路交通法改正により、当初は七五歳以上の高齢者に対して運転免許更新時における特別講習として義務づけられました。その後、受講対象は七〇歳以上の高齢者に拡大されております。さらに二〇〇九年から七五歳以上については認知機能検査（認知症の簡易検査）が加えられております。そして、認知機能検査がスクリーニングの役割を果たし、免許の取り消しや制限が加えられるようになってきております。なお、高齢者講習については、第3章において改めて取り上げますが、先進国において、一定年齢以上の高齢者に対して一律に法定講習を課している国は日本だけであることからも、わが国の交通事故対策において、如何に教育が重視されているかを知ることができます。

Encouragement（啓蒙活動）についても、広い意味では交通安全教育の一環と考えられます。しかし、交通安全教育が科学性や具体性を重視することに対して、啓蒙活動は精神論主体であるところに特徴があります。春期や秋期に全国一斉の交通安全週間を設定して、巨費を投じてポスターやステッカーなどを配布し、大々的にキャンペーン活動を展開する啓蒙活動が毎年行われております。キャンペーン期間中は、大量の警察官が動員されるため、交通事故は減少しますが、期間終了とともに元に戻ってしまうというのが例年の繰り返しです。しかし、毎年のキャンペーン期間中の交通事故減少の効果だけでも大きいため、キャンペーンは継続されておりります。高齢者の事故が増えている現状を受けて、この点への注意喚起を促すキャンペーンが、全国各地で盛んに行われております。

(3)　交通環境の改善促進

Environment（交通環境整備）は、主に道路上の交通設備を整備することによって、人間の交通行動に関して危険な要素を交通環境から取り除いていくことを意味します。具体的には、危険な箇所に横断歩道、信号などを設置することにより、歩行者の安全確保を最終目的としますが、仮に事故を回避できない場合でも、衝突時の衝撃を緩和させ被害を最小限に止めることも重要なことです。交通環境整備には大きなコストがかかりますが、今後交通弱者である多くの高齢者が交通社会に参加することになるため、環境面からのフォローは大変重要になるといえるでしょう。前章でも紹介したとおり、わが国の交通環境整備は、欧米先進国に比べてかなり遅れているため、今後この側面からの対策が重視されなければなりません。

交通環境整備は、前記の物的な環境ばかりでなく、人的環境も含まれることを強調したいと思います。特に交通弱者である高齢者が交通社会に多く参加するようになると、高齢者を取りまく人々の思いやりの気持ち（"Give Way の心"）が重要になります。高齢者の交通事故は、高齢者本人が気をつければ減少するというものでは決してなく、周りの人々の配慮が重要になります。

交通安全の先進国であるドイツにおいて、若者に交通安全対策を尋ねると次のような答えが返ってくるといわれます。第一に「自動車を運転するときにはスピードを出さないこと」、第二に「安全装備の行き届いた車に乗ること」、そして第三に「他人を思いやる気持ちをもつこと」（所、二〇〇七）。

仮に日本の若者に同様の質問をした場合、おそらく第一の点は多くの若者から指摘されるように思いますが、第二はまだまだ少ないでしょう。そして、第三となると、ほとんどいないのではないでしょうか。なぜならば、わが国の現状では、こうした意識をもって交通社会に参画している人は非常に少ないからです。

「交通は社会の縮図」であるため、交通法規によって制御されております。これは一般社会と同じです。しかし、一般社会が法律で制御されているとはいえ、日々の暮らしの中で法律を意識しながら生活している人はどのくらいいるでしょうか。法律とは、何かトラブルが発生したときに確認のために必要なものであると私は考えております。日々の生活においては、「他者への配慮の気持ち（“Give Way の心”）」があれば、基本的に円滑に過ごすことができるように思います。交通社会においても同じことがいえると思います。事故やトラブルが起きたときには、交通法規が前面に出てきますが、日常の交通行動が円滑に行われるためには、細かな交通法規よりも“Give Way の心”があるかどうかのほうが重要になります。“Give Way の心”を醸成していくことが、安全な交通環境の形成において大変重要なことであるといえます。

さらに、安全車両に関わる技術開発も交通環境整備の一環として大変重要になります。当初わが国の取り組みは大幅に遅れておりましたが、近年におけるわが国自動車メーカーの技術力は世界トップクラスに到達しているといわれております。

安全車両の設計は、事故を未然に防ぐための「予防安全」(active safety) と、事故発生後の被害軽減のための「衝突安全」(passive safety) の二側面から取り組まれております。特に、後者の衝突安全の考え方が重要です。事故を未然に防ぐことがより重要であることは当然ですが、万が一事故が起こってしまった場合でも、最低限乗員の人命を守る車両構造の設計は、死傷者を減らすために不可欠といえます。従来のわが国の交通事故対策は「交通事故をゼロにしよう」などといった精神論主導のものが多く、現実離れしていたといわざるを得ませんでした。そして、大きな事故が起こると管理責任者から必ずといっていいほど、「想定外であった」という発言が繰り返しなされていたように思えます。しかし、最近では乗員の受傷軽減と同時に乗員の救出・救護がスムーズに行えるための技術開発も進んでおり、事故が起こった後のことも想定した対策が進んでいることは、欧米のリスクマネジメントの考え方が少しずつ受け入れられてきたのではないかと思われます。

国土交通省は安全基準を強化し、衝突実験に基づく自動車アセスメントの実施、先進安全自動車ASV（Advanced Safety Vehicle）の開発などに取り組み始めたため、それを受けて、各自動車メーカーが新技術を駆使した安全車両の開発を進め、最近の交通事故死者数の減少に結びついたとされております。さらに車両設計においては、安全性以外にもユーザーが扱いやすい車両という観点からも技術開発が進められております。例えばトヨタ自動車では、これまでの車両設計を通じて培った経験から一八〇の評価項目を設定し、ユニバーサルデザインとしての車両設計を進めております。これは性、年齢、障害などの特性にかかわらず、多くのユーザーが快適に使用でき、豊かで充実したカーライフを体験できることが意図されております。

以上述べた四原則が、交通安全対策の骨子になるものです。この四原則は、交通安全に取り組む関係者の間で「4E」と呼ばれており、わが国のみならず欧米主要国でもすでに一般的理解となっております。交通違反取締り（Enforcement）、交通安全教育（Education）、啓蒙活動（Encouragement）、そして交通環境整備（Environment）の4原則は、いずれも頭文字にEがつくため4Eと呼ばれております。

2. 臨床心理士資格の出現

交通事故対策は、「4E」の側面から総合的に取り組まれており、近年では、とりわけ交通環境要因の重要性が認識されてきております。わが国においても、この側面からの対策が少しずつではありますがとられ始めてきております。しかし、依然として、「啓蒙・教育」的な側面を重視するのが、日本の特徴であることに変わりありません。そして、交通警察行政をはじめとした交通関係者が、この仕事に取り組んでおります。

目指すべき理想的な行動スタイルが存在し、それに合うように人間行動を変容させるストラテジーは、心理学の領域で古くから研究されております。社会的に不適応を起こしている人に対して、適応状態に戻れるような手助けをしていくことは、心理学からの代表的な支援方法です。この考え方を交通事故対策に適用することになります。

そして、交通事故対策では、交通社会への参加者が、他者に配慮した行動を自発的にとることができれば、目的はほぼ達成できるのではないかと考えられます。これは、前節で述べた"Give Way の心"を醸成していくことに他ならず、啓蒙・教育の観点からの交通心理学の役割としては、交通参加者に対する「"Give Way の心"の醸成」と説明することができるように思われます。

日本交通心理学会では、こうした大きな目標に向かって「交通心理士制度」を導入しております。これは、近年、心理学系の各学会で高まっている資格制度とも深く関わっております。理念において共通する部分が少なからず存在するため、本節では、まず「臨床心理士を代表とする心理士資格」について概説したいと思います。それを受けて、次節において、「交通心理士という資格」をご紹介したいと思います。

(1) 臨床心理士とは何か

物質的に豊かになった日本社会では、価値観が多様化し、心の問題を抱える人が増えてきました。特に一九八〇年代後半から、その傾向が高まったといわれております。それ以前においても、心の悩みをもつ人がなかったわけではありませんが、多くの日本人の関心は、豊かになるためにはどうしたらよいかという方向に向けられ、基本的に価値観が一元化しておりました。しかし、経済大国化した後には、高次元の欲求が顕在化し、従来の社会生活システムの抜本的な変更を余儀なくされてきたため、「ストレス社会」が本格化したように思えます。そのため、そうした社会変化を受けて、心理学に対する世の中からのニーズが高まり、心理専門職の援助が求められることも多くなりました。

日本には心の問題に取り組む専門職として、心理カウンセラー、サイコセラピスト、心理相談員などの名称で呼ばれる人々がおりますが、国家資格は存在せず、現時点ではいずれも民間資格となっております。そのため、資格取得の難易度もさまざまです。その中で（財）日本臨床心理士資格認定協会が実施する試験に合格し、認定を受けることで取得できる「臨床心理士」は、わが国で最も権威ある〝心理専門職の証〟として、広く関係者の間で知られております。一九八八年一二月に第一号の認定臨床心理士が誕生して以来、二〇一一年一二月時点で、資格取得者数はすでに二万三〇〇〇人を超えております。

臨床心理士資格を取得するためには、まず心理学を専攻する指定された大学院修士課程を修了しなければなりません。そして、資格審査（年一回の筆記・口述試験）を経て、前記協会から認定されることになります。また、資格取得後も五年ごとに資格更新審査が行われ、心理臨床能力の維持発展のために、研修や研究が義務づけられております。

(2) 臨床心理士の専門業務内容

臨床心理士に求められる専門業務とは、次の4項目（①〜④）になります。これは、臨床心理学など心理学の知識や諸技法を生かして専門的に援助していくことを意味しております。一般的内容を整理したいと思います。なお、本節で紹介する(2)、(3)に関する記述は、(財)日本臨床心理士資格認定協会の発行書籍(二〇一二)とホームページ、並びに(社)日本臨床心理士会のホームページを参考にし、その主要部分を要約したことを付記します。

① 臨床心理査定(アセスメント)

クライアント(相談依頼者)がおかれている状況や直面している課題について、臨床心理士は心理検査、面接、観察などによって明らかにし、自己理解や支援に役立てていきます。これは、クライアント各人の独自的・個別的な特徴、および問題点の所在を明らかにすることを意味しております。また、こうした手続きを経て、心の問題で悩む人々をどのような方法で援助することが望ましいかについて、検討することができます。

② 臨床心理面接(カウンセリング)

心理カウンセリング・心理療法といわれるもので、クライエントの課題に応じてさまざまな臨床心理学的方法を用いて、心理的問題の克服や困難の軽減に向けて支援していきます。臨床心理士とクライエントとの人間関係が構築される過程で、「共感」「納得」「理解」「再生」といった心情が生まれる貴重な心的空間であるとされております。そして、クライエントの特徴に応じて、さまざまな臨床心理学的技法(精神分析、遊戯療法、行動療法、箱庭療法、家族療法、芸術療法、認知療法など)を用いて、クライエントの心の支援へと結びつける臨床心理士の最も中心的な専門行為となっております。

③ 臨床心理的地域援助（コンサルテーション）

問題解決のためには、クライエント個人だけではなく、クライエントを取りまく周辺環境への働きかけ、情報整理、他の専門機関との連携等の活動が必要になります。地域住民や学校、職場に所属する人々と連携しながら心理支援活動を行うことは、臨床心理士の専門性を活かした重要な専門行為といえます。

特に、二〇一一年三月の東日本大震災後の被災地においては、多くの臨床心理士が心理支援活動を行っております。東日本大震災心理支援センターが立ち上げられ、被災県に特化した「学校支援スクールカウンセラー特別配置」という国家的事業のもとで、心理支援教育プログラムが展開されております。これは心理臨床活動の社会化として大変注目されております。

④ 研究活動（リサーチ）

臨床心理士が自ら取り組んだ「事例」に関して、それを整理して一定の様式にまとめて報告することは、高度専門職業人として臨床心理学的な手法や知識を確実なものにするために大切な専門業務の一つになります。また、臨床心理士が自らの活動内容を相互に報告し合うことを通して情報交換が可能になり、より発展的な心理的援助の実践につながっていくことが期待されます。さらに、それが理論化され、臨床心理学の発展にもつながるといえます。

(3) 臨床心理士の活動領域

臨床心理士の活動は、人間の活動領域のすべてに関わるとされております。すなわち、この資格は「汎用性」を特徴としており、現在でも活動領域は、教育、医療、司法、福祉、産業など多岐にわたっております。そして、今後ますます広がっていく可能性が考えられます。主な活動領域について、以下に概説いたします。

教育分野

臨床心理士が、伝統的に最も力を発揮している分野の一つであり、学校臨床心理士はスクールカウンセラーとも呼ばれております。発達、学業、生活面などでの問題に対して心理的援助を行い、本人との面接のほか、親との面接、教師へのコンサルテーションなどを実施し、必要に応じて他機関との橋渡し役も務めております。この分野の主な職場としては、小・中・高校内の相談室、教育センター、各種教育相談機関などがあげられます。

医療・保健分野

精神神経科・心療内科・小児科などの病院・診療所では、心理相談を中心としたケアを行っております。例えば、ＨＩＶ感染者や癌患者の支援や身体疾患をもつ人々への心理ケアなどです。精神保健福祉センターや保健センターでは、引きこもりの家族相談や、アルコール依存症・薬物依存症の家族教室、思春期相談などを行っています。

福祉分野

子どもの発達相談をはじめとした子育て支援、虐待やＤＶ被害を克服するための相談、障害をもった子どもや大人の療育・相談や支援、女性問題、高齢者の問題など、福祉に関する幅広い問題に対して心理的側面から援助していきます。とりわけ、小児科医や保健師とともに乳幼児の健康診査・発達相談などに関わる「子育て支援」が最近注目されております。家庭だけでの子育てが難しくなってきている近年では、子育てには多くの職種の連携が求められ、臨床心理士にもその能力を活かした活動が期待されております。加えて、世界でも類を見ない超高齢社会を迎えているわが国では、高齢者本人に対する心のケアはもとより、その家族や関係者への心の支援活動も含めた「高齢者支援」に対する臨床心理士の役割が、今後ますます拡大すると見られています。なお、福祉の分野の主な職場としては、児童相談所、身体・知的障害施設、発達障害支援施設、女性相談センター、ＤＶ相談支援センター、母子生活支援施設、特別養護老人ホームなどがあげられます。

司法・矯正分野

家庭裁判所、鑑別所・刑務所、および警察などにおける中心的業務に対して、心理的側面からサポートを行います。家庭裁判所では調査官として少年事件や家事事件に関わります。鑑別所では少年の特性を踏まえた処遇を検討し、刑務所では受刑者にカウンセリングを行ったり、集団療法を実施したりします。また、警察では、心理相談や犯罪被害者への支援を行っています。「犯罪被害者等支援」は最近注目されている臨床心理士の活動分野の一つであり、被害者への直接支援とともに、被害者の周辺の人々に対するケアも求められているところに特徴があります。

労働・産業分野

職業生活の円滑な遂行のために、各企業に対してメンタルヘルスに関するコンサルテーションが実施されております。国家的なプロジェクトとしては、厚生労働省が職場におけるメンタルヘルス対策に積極的な企業に対して、取り組み方法などを助言・指導するための「メンタルヘルス対策支援事業」があげられます。臨床心理士は、この事業の支援専門家の一員として協力しております。さらに、臨床心理士会は、日本経団連、東京経営者協会と業務提携を結び、メンタルヘルス対策を進めております。こうしたことに加えて、就業の相談では、職業への適性をめぐる問題等の心理的援助も行っております。なお、この関連の職場としては、企業内相談室、企業内健康管理センター、安全保健センター、公立職業安定所（ハローワーク）、障害者職業センターなどがあげられます。

3. 交通心理士という資格

(1) 熟練度に応じた交通心理士資格の階層性

交通心理士は、交通安全の社会貢献活動に取り組む交通専門家の活動をバックアップするために、日本交通心理学会・資格認定委員会の審査を経て付与される専門資格です。二〇〇二年に施行され、同学会が定める認定規定によれば、資格はその個人の知識や経験を以下の規準に照らして認定されます。

① 交通心理学に関する知識・情報を有すること
② 交通界における心理的諸問題に対してその保有する知見を適用して問題解決に資することができること

資格取得者は、自動車教習所指導員、交通警察関係者、自動車事故対策機構職員、損害保険会社社員、運輸交通従事者、学術研究者と多岐にわたっております。このように交通心理士・資格設置の当初の目的は、一般的な交通安全に貢献する専門家の養成であることがわかります。

さらに、個人の知識、経験に応じて主幹総合交通心理士、主任交通心理士、交通心理士、および交通心理士補の四階層に分けられております。以下に項目を列挙した資格取得の条件については、日本交通心理学会ホームページを参考にし、その主要部分を要約したものであることを付記します。なお、四階層とも列挙されたすべての条件を満たした場合に、資格が認定されます。

主幹総合交通心理士

(i) 心理学関連の博士の学位を有する者、またはそれと同等以上の学識を有する者。
(ii) 交通心理学に関する学会誌への発表が三篇以上かつ学会発表が6件以上で、いずれも筆頭発表者である者。
(iii) 10年以上の研究または実務経験を有する者。

主任交通心理士

（ⅰ）心理学関連の修士の学位を有する者、またはそれと同等以上の学識を有すること。

（ⅱ）交通心理学に関する学会誌等への発表が二篇以上かつ学会発表が四件以上で、いずれも筆頭発表者である者。

（ⅲ）五年以上の研究または実務経験を有する者。

交通心理士

（ⅰ）心理学関連の学士の学位を有する者、またはそれと同等以上の学識を有すること。

（ⅱ）交通心理学に関する学会誌等への発表が一篇以上かつ学会発表が二件以上で、いずれも筆頭発表者である者。

（ⅲ）三年以上の研究または実務経験を有する者。

交通心理士補

（ⅰ）心理学関連の学士の学位を有する者、または交通心理士資格試験に合格した者。

（注1）交通心理士資格試験の科目は次のとおりである。
①心理学の基礎、②交通心理学（Ⅰ）、③交通心理学（Ⅱ）、④交通社会心理学、⑤交通発達心理学、⑥交通カウンセリング、⑦臨床心理学、⑧テスト理論、⑨教育心理学

（注2）ただし、取得後3年以内に交通心理士資格を取得しないと失効する。

（注3）交通心理士補の取得後三年以内に日本交通心理学会大会、日本交通心理士会大会、またはこれに準ずる大会において単独または筆頭発表者として二件以上の発表を行った場合、交通心理士

に昇格できる。ただし、このうちの一件については、日本交通心理学会及び日本交通心理士会が主催する研究会等並びに資格審査委員会が認める他の機関が主催する講習会・研修会等への三回以上の参加をもって、これに代えることができる。

（注4）二〇一二年時点では、「交通心理士補の資格を有する者については、三年以内に交通心理士の昇格を取得しないと失効する」の「三年以内」を二年延長し、「五年以内」とするという経過措置が暫定的にとられている。

(2) 心理臨床家としての交通心理士の仕事内容

前節において、臨床心理士の活動は、人間の活動領域のすべてに関わり、今後ますます広がっていく可能性があることを指摘しました。それ故に臨床心理士資格は「汎用性」を特徴としているわけです。

臨床心理士は、あらゆる心理臨床の問題を扱うことを公言しておりますが、交通分野の心理臨床については、臨床心理学の一般的な知見以外に交通分野の特殊な知識や経験が求められるため、臨床心理士よりもむしろ交通心理士が担っていくことが適切であると思われます。

そこで、前節で紹介した臨床心理士に求められる四つの専門業務内容を、交通分野の心理臨床家である交通心理士に置き換えると、どのようになるのかについて考えてみたいと思います。

以下の事例は、七五歳以上ドライバーの運転免許更新の際に義務づけられた「認知機能検査」に立ち会う検査者が交通心理士であった場合を仮定したものです。高齢者講習時に実施されている「認知機能検査」については、第3章で詳しく述べる予定ですが、簡潔に述べると次のようになります。

七五歳以上ドライバーには、運転免許更新時に認知機能検査が課せられ、簡易検査で認知症の疑いが見られ、なおかつ過去に事故・違反歴がある場合には専門医の診断が義務づけられます。そこで精密検査の結果、認知症と診断された場合には、運転免許は更新されません。したがって、今後は運転断念を迫られる高齢ドライバーが増えることが予想されています。そのため、運転断念後のメンタル面でのケアとその後の生活を維持するためのサポート体制を築いていく必要があり、ここに臨床心理士や交通心理士の役割が見いだされるわけです。

前記内容を心理臨床の四つの専門業務内容として振り分けると、次のようになります。

① **臨床心理査定**（アセスメント）

高齢者講習時に実施される運転適性検査、認知機能検査の特性を理解し、検査を実施し、結果の処理と分析を行う。

② **臨床心理面接**（カウンセリング）

運転断念を強いられた人に対する心理的ケア方法を検討し実践する。具体的には、ピアカウンセリング等（内容の解説は第3章で行います）を実践していくことになる。

③ **臨床心理的地域援助**（コンサルテーション）

運転断念後の通院や買い物のための移動手段について、本人の個別事情を十分考慮し、地元自治体との交渉を含めて検討、対応する。具体的には、デマンド交通システム等（内容の解説は第3章で行います）を推進していくことになる。

④ 研究活動（リサーチ）

自ら研究会に参加し研究発表を行うことを通して、心理臨床家として成長していくために必要な技術や知識を獲得していく。

(3) 現行の交通心理士制度の問題点と課題

交通心理士に対して活躍が期待される分野は、交通に関する専門知識と心理臨床に関する基礎知識の両方が求められる特殊な分野であるため、心理臨床に関する高度な専門知識をもった臨床心理士をはじめとした心理専門職であっても、現状ではなかなか入り込めません。それ故に、交通心理士に対する社会的なニーズは極めて高く、本来であれば交通心理士が存分に力を発揮していかなければなりません。しかし、この一〇年間の実績を見る限り、誠に残念ながら十分な社会貢献をしてきたとはいえません。その理由は、あまりにも資格取得者数が少なすぎるからです。二〇〇二年に設立された交通心理士制度ですが、一〇年が経過現在でも、資格取得者はわずかに三〇〇人程度であり、臨床心理士の二万三〇〇〇人と比べると七〇分の一以下になっております。

本項では、こうしたことを切り口に、二一世紀の交通社会に対して大きな貢献役割が期待されている交通心理士を今後飛躍させていくために、現在の問題点を洗い出し、今後の課題を探っていきたいと思います。

第一は、資格取得者数が伸び悩んでいる原因ですが、この資格の存在が現状では一部の業界関係者の間でしか知られておらず、社会全体にアピールする努力が十分に行われていないことがあげられます。交通関係者は、交通心理士の知名度をアップさせるための努力を真剣に行わなければなりません。

第二に、資格付与のハードルを当面は少し下げてもよいと思われます。社会に対して一定の貢献をしていくためには、まずは資格取得者数をある程度増やすことが重要であると思われるからです。ちなみに、本章で紹介した臨床心理士も、資格創設当初は、書類申請によって受理されていた時期があったことを思い起こしたいと思います。

第三に、交通心理士に対して期待される活動分野について、明確なビジョンが示されていないことが問題点としてあげられます。交通社会に対する漠然とした貢献が謳われているだけであり、現状では資格取得者の個別の判断に委ねられ、事実上丸投げ状態になっております。ちなみに、臨床心理士の場合には、四つの専門的業務内容を明示した上で、教育、医療、司法、福祉、産業など、代表的な活動分野と主な勤務先が紹介されております。交通心理士についても、交通分野の例えばどのような領域で、どのような仕事をするのかについて、明示する必要があるように思われます。

第四は、心理臨床家として交通心理士が社会に存在する以上、活動内容は四つの専門業務内容との関連の中で行うべきであると思われます。そのため、交通心理士の活動分野と活動内容について、資格取得者の個別の判断に委ねるばかりではなく、一定のガイドラインを示す必要があると思われます。なお、四つの専門業務内容を包括できないボランティア的な社会貢献活動については、別の形で取り扱いを検討する必要があると思われます。

第五は、高齢者の交通問題に対して、交通心理士がより積極的に関与していくべきであると考えます。「交通は社会の縮図」であるため、世界でも類を見ない超高齢社会である日本では、一般社会のみならず交通社会においても高齢問題は最重要課題であるはずです。最近の交通死亡事故の特徴は、第1章で紹介したとおり高齢者に関わるものが過半数であり、認知症ドライバーも全国ですでに三〇万人以上いるといわれ、今後さらに増えることが避けられそうにありません。日本交通心理学会の大きな課題であるといえます。

4. 日本の地域交通社会における交通心理士の候補者

超高齢社会を迎えているわが国の地域交通社会において、新たな「交通心理士」の候補者となるのは、次の二分野の方々ではないかと私は考えております。

① 高齢ドライバー講習（いわゆる高齢者講習）における講習担当者
② 学童通学路における高齢者ボランティア

前記①については第3章において、②については第4章で周辺状況を含めて説明したいと思います。

特に①に関しては、本章第3節(2)においても事例として簡単な説明を行ったとおりです。この事例は、交通場面における心理臨床の最も重要なケースの一つになると私は考えております。高齢ドライバーは激増しており、それに伴って認知症ドライバーも増え続けています。運転断念を迫られた人たちに対する心理的援助、移動手段を確保するためのコンサルテーションは、もはや放置できない問題になっております。この問題に関わる交通心理士が今後もあまり増えない状況が続くのであれば、臨床心理士や社会福祉士などに応援を求めざるを得なくなるでしょう。あるいは、それ以前に社会貢献意欲の高い心理専門職の人たちが、いよいよ本格的にこの領域へ参画してくるものと思われます。

また、②に関しては、学童の安全確保のために、日本の各地域で高齢者ボランティアの方々が組織的に立ち上がっております。こうした組織や個人に対して、交通心理士がどのように貢献していくべきかについて、第4章の最終節で私の考えを述べたいと思います。

第3章　超高齢社会における車と生活

世界でも類を見ない超高齢社会を迎えているわが国において、高齢ドライバー激増時代となることは避けられず、今後高齢ドライバーと交通事故の問題は、深刻な社会問題の一つになりつつあります。そして、この問題は単に交通事故の問題に留まらず、二一世紀の車社会のあり方、高齢者福祉とも密接に関わっていくことになります。

本章では、この問題にどう取り組み、どのような対策が必要かについて考えていきたいと思います。まず、加齢現象に伴う運転リスクと高齢者によってもたらされる交通事故の特徴、さらに高齢者には優れた事故回避特性が備わっていることも見逃せず、リスクを打ち消す補償メカニズムが機能していることを強調したいと思います。また、七〇歳以上の高齢ドライバーに課されている高齢者講習と認知機能検査の現状と課題についても触れたいと思います。

一方、二一世紀の車社会は根本的な見直しを迫られており、前記のような車を運転する人々の交通安全ばかりではなく、車を運転しない人、さらには車の運転を断念した人々のためのモビリティーシステムの検討も今後の重要な課題といえます。そうした状況の中での交通心理士の役割について提案をしていきたいと思います。

1．高齢ドライバー激増時代の到来

高齢者の運転免許保有率は、過去三〇年間において大きく上昇し、二〇一〇年には七〇歳代前半の保有率は五三・二％まで上昇し、男性の場合、実に八割に達しております（図3・1）。さらに戦後ベビーブームに生まれたいわゆる団塊世代と呼ばれる人たちが、いよいよ六〇歳代半ばに差し掛かってきたため、五～一〇年後にはこうした人たちが高齢者講習の対象となる七〇歳以上の高齢ドライバーへと仲間入りします。改めていうまでもなく、団塊世代の人たちは、その前後の世代に比べて大きな人口ブロックを形成しているため、わが国交通社会は近い将来において一気に膨大な数の高齢ドライバーを抱えることが避けられない状況にあります。それによって、自動車乗車中の事故死者数の増加が大変懸念され、高齢ドライバーの安全対策は、一刻の猶予も許されない緊急性を帯びたテーマになっているわけです。

わが国では、今や赤ん坊から超高齢者までを含めた全国民の一・六人に一人が自動車を保有する時代となっております。「平均寿命が延びれば、健康である限り車の運転を続けていこう」と考える人が今後ますます増えることが見込まれるため、高齢ドライバーによる交通事故が大変懸念されているわけです。

また、わが国のモータリゼーションは、欧米先進諸国に比べれば遅れており一九六〇年代の後半からでした。一九六五年時点では自動車をもつ人は一二・四人に一人であり、まだ特別な人の乗り物であったといえます。高度経済成長により国民生活が豊かになり、多くの国民が自動車をもつようになり、一九八〇年代以降は先進諸国に完全に追いつき、今や世界有数の自動車大国となりましたが、高齢ドライバーに関していえば、まだまだ国民皆免許にはほど遠い状況にあります。

二〇一〇年データによると、高齢者講習の対象となる七〇歳以上のドライバーは全国で七二五万人おり、内訳は男性五四八万人（七五・六％）、女性一七七万人（二四・四％）となっております。また、七〇歳以上人口に占める男女別の運転免許保有率を見ると、男性六二・九％、女性一四・〇％となっており、現時点では人口に対する女性・高齢ドライバーは非常に少ないといえます。

しかし、これでも一五年前（一九九五年）と比較してみると女性・高齢ドライバーが激増していることがわかります。一九九五年には、七〇歳以上の女性ドライバーはわずかに一八万人であり、七〇歳以上女性の免許保有率は二・四％にすぎませんでした。一五年の間に免許保有者は一〇倍近く増加しました。免許保有率も大幅に上昇しております。

現時点での年齢段階別・運転免許保有状況をもとに、今後二〇年間における七〇歳代前半の性別・運転免許保有者数および保有率を推定すると図3・1のようになります。二〇三〇年には、女性の免許保有者数は現在の二・八倍となり、二〇一〇年の男性の免許保有率を上回ります。今後二〇年間に女性・高齢ドライバーが急増することがうかがえます。

七〇歳を超えて自動車を運転する人は、一九八〇年代までは限られたごく一部の男性でしたが、それが九〇年代後半には大半の男性に変わりました。そして、二一世紀の四半世紀が経過する頃には、ほぼすべての男女が高齢ドライバーになりうるわけです。すなわち、今後二〇年以内に男女を問わず大半の高齢者が車を運転する時代になることが確実といえそうです。「交通は社会の縮図」であるということを冒頭で述べましたが、自動車を運転することが大半の高齢者の日常生活に組み込まれるということは、まさに画期的な社会変革といえるでしょう。ま

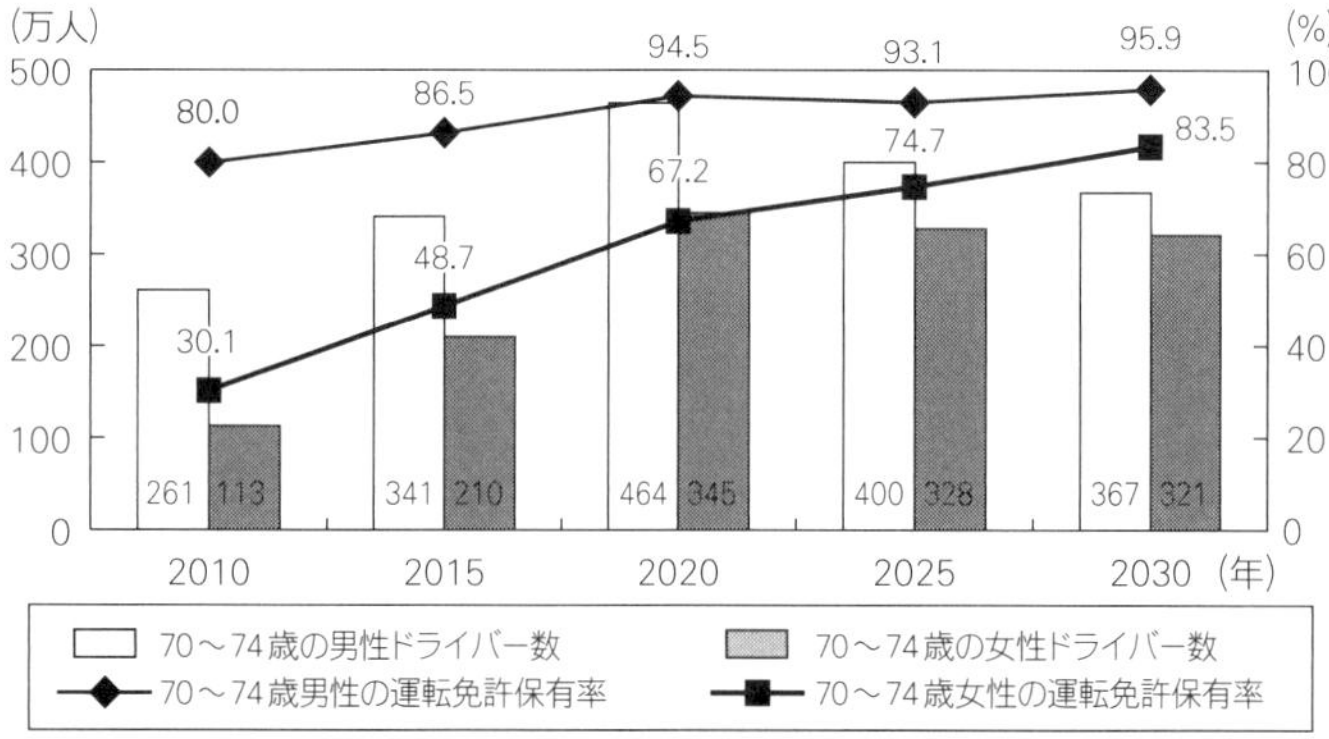

出所：内閣府（2011）より作成

図 3.1　高齢ドライバー急増の見通し

た、それに伴う新たな問題も発生するわけであり、二一世紀の重要な社会問題になってくるわけです。

2. 高齢ドライバーの運転能力

本節の内容に関しては、私の前著『高齢ドライバー・激増時代』（学文社、二〇〇七年）においても概説いたしましたが、本書でも主要な点を以下に抽出して紹介いたします。

(1) 高齢者による交通事故の特徴

同じ自動車による交通事故であっても、高齢者の自動車事故は、若者のそれとは本質的に異なると交通関係者は指摘しております。高齢者の主な自動車事故の種類は「出合頭事故」と「右折事故」であるとされます。出合頭事故とは、路地から大きな道路へ入るときに、本線を走行する車の切れ目にうまく合流できないために発生する事故などが代表的です。この種の事故を起こした場合には「一時停止違反」や「優先通行違反」といった交通違反が適用されます。交差点での右折事故についても、対向車線を走行する車の切れ目を見計らい、右へ曲がるタイミングをうまくとらえられずに事故が起こるという点で、出合頭事故と相通ずるものがあります。

高齢者の事故の多くは、距離感覚（目測）と自車の走行速度との関係を瞬時に判断できなかったために生じた事故、あるいは事故相手に早く気づいていてもアクセル、ブレーキ操作等による減速行動がスムーズにとれなかったことによる事故であるといえます。また、65歳以上の交通事故死者において「最高速度違反」による死亡事故は極めて稀であることも知られております。すなわち、高齢者による自動車事故は、スピードの出し過ぎなどの無謀運転によるものではなく、運転行動に必要な情報の意味を読みとり、判断決定するといった情報処理に時間がかかるため、複雑な交通状況下で、しかも迅速な行動が要求されるときに問題が生ずると考えられます。

スピードの出し過ぎ（最高速度違反が適用）や脇見運転による事故が圧倒的に多い40歳以下の若年者の交通事故死と比べると、高齢者の交通事故死は好対照といえるほど違いが見て取れることがわかります。

(2) 高齢者の事故親和特性

事故を起こしやすい人の医学的・心理学的特性はすでに十分検討されておりますが、高齢者の心身機能の特性とこれらを比較対照し、事故に結びつきやすい高齢者の特性として、主に次の三つの側面が指摘されております。三つの側面とは、視力（視野を含む）、反応の速さ・バランツキ・正確さ、そして自分の運転能力に対する過信です（所、一九九七、二〇〇七）。

視力（視野を含む）　運転に必要な情報の約八割は視覚を通して摂取しているといわれます。視力は加齢の影響をとりわけ強く受け、他の機能に比べて老化現象が早く訪れることが特徴的です。しかも運転行動に必要とされる視力は、静止視力のみならず、動く対象に対する反応が要求され動体視力の役割が重要になります。若年者の場合でも動体視力は静止視力の七〜八割程度であるとされますが、両視力とも四〇歳代後半から下降現象がはじまり、それと同時に両視力間の差が急激に拡大していきます。これは老眼開始の影響と見られており、動体視力は対象物の移動速度が増すにつれて直線的に低下し、この傾向は加齢に伴いより強まっていきます。

視覚に関しては、暗いところで物が見えはじめる順応力、いわゆる暗順応も加齢とともに低下していきます。運転場面での夕暮れ時の物の見えにくさ、トンネルに入ったときの状態などが、この現象で説明できます。さらに加齢による夜間視力の低下が顕著です。平均的水準で見ると、二〇歳代では〇・八前後の夜間視力が、六〇歳代後半になると〇・四前後まで低下します。夜間視力の低下は、照明条件によってサポートが可能な室内作業などの場合には、あまり問題は生じませんが、夜間に運転をする場合には大変危険になります。

車の運転に関しては、加齢に伴う視力の低下に加えて、視野が狭くなることが大きな問題になります。真正面を向いて片目で左右九〇度の範囲で物が見えることが望ましいですが、六五歳を過ぎると視野が六〇度ぐらいに狭まってしまう人が多くなります。高齢者の典型的な事故として交差点での出合頭事故と右折事故があることを紹介しましたが、この原因には、左右を確認しても視野の狭まりによって見落としが生じたことが考えられます。

反応の速さ、バラツキ、正確さ　刺激を知覚し、その意味を読み取り、それに対する適切な行動をとるといった一連の「知覚—判断—動作機能」も加齢に伴い低下します。これは筋能力と感覚との調整（協応）能力であり、心理学ではサイコモーター特性（精神運動能力）と呼ばれています。高齢者と若年者を比較したとき、赤信号が点灯したら素速くブレーキを踏むというタイプのいわゆる単純反応の場合には、七〇歳代の人は二〇歳代の人と比べてわずかに〇・一秒ほどの遅れですが、検査課題が複雑になるにつれて両者の格差が大きくなります。高齢者の事故が交差点で多い背景には、迅速に適切な反応を行うことが不得手な高齢者にとって、交差点は対応が難しい交通場面であることが関係しております。

反応時間と事故との関係では、反応時間の速さよりも安定性（反応時間の標準偏差）が重要であると考えられております。すなわち、反応時間に速い時と遅い時がありバラツキが大きい人は、事故を起こしやすいということです。加齢とともに反応時間の標準偏差が大き

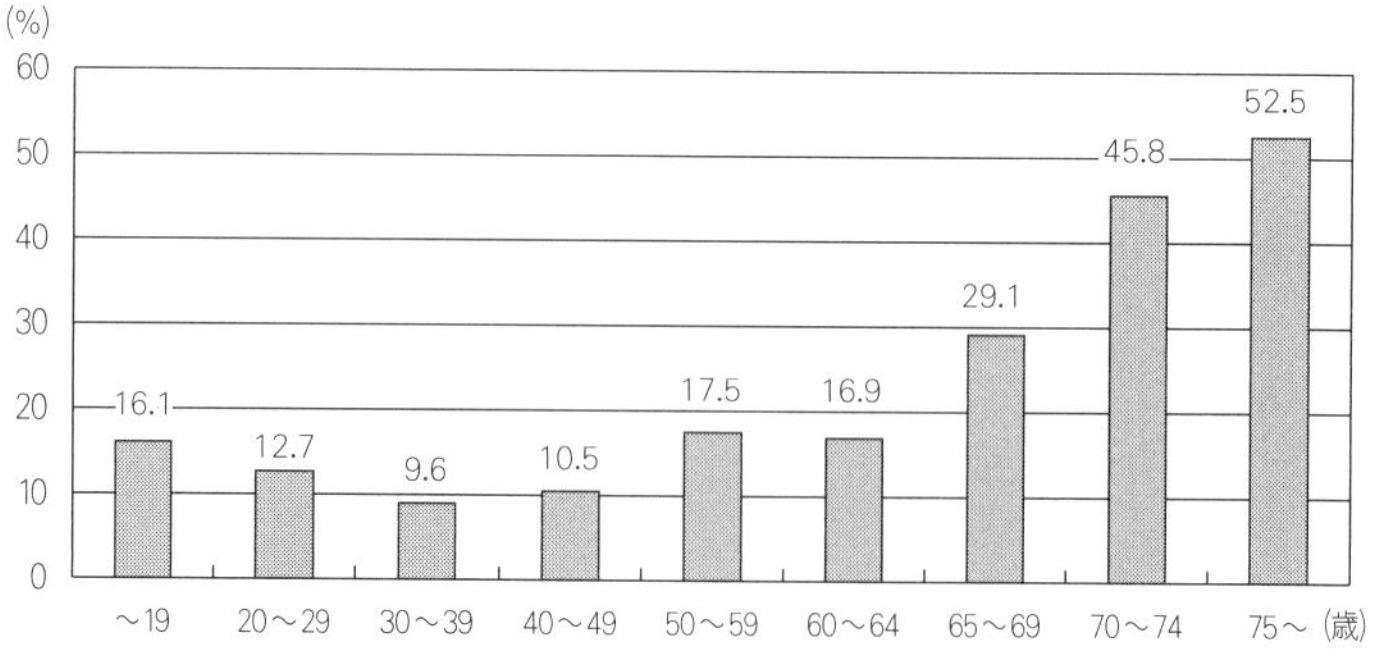

出所：所（2001）

図 3.2　自分の運転テクニックなら十分危険回避できる（肯定回答率）

くなることは私の研究によっても示されており（所、一九九七、二〇〇一）、高齢者は若年者に比べて事故を起こしやすいといわざるを得ません。

自分の運転能力に対する過信　「自分の運転テクニックであれば十分危険を回避できるか」という質問に対して、私の調査によれば（所、二〇〇一）、七五歳以上の人は実に五二・五％の人が肯定的回答をしており、高齢ドライバーの自分の運転に対する強い自信が示されておりす（図３・２）。

自分の運転に対する自信のもちすぎは、不安全行動をもたらし大変危険です。高齢者の場合、交通規則よりも自らの経験則を重視する傾向があり、その典型が交差点での一時停止違反です。一時停止違反の多くは、一旦停止せず徐行で済ませているケースと考えられます。高齢者が長年にわたる運転経験によって培った経験則に従えば、一旦停止しなくとも徐行で十分という判断になり、そうした長年の経験に基づく過信が、結果的に事故を招いてしまっているといえます。

(3)　高齢者の事故回避特性と補償メカニズムの存在

前項では高齢者の事故親和特性（事故を起こしやすい特性）について紹介しましたが、その多くは加齢に伴う心身機能の衰退現象であり、これは本人の努力では改善できない現象であることを強調したいと思います。しかし、加齢現象のすべてが、運転にとってマイナスに作用するわけではなく、高齢者には知恵と熟達によりマイナス面をカバーしていく能力が備わっております。これは「補償」といわれる心理学的メカニズムであり、運転に関しては、特に「補償的運転行動」と呼ばれております。高齢者による補償的運転行動は、自らの欠点をカバーする運転行動であるため、高齢者のもつ優れた事故回避特性であるといえます。すなわち、高齢者が「自分には運転適性上の欠陥がある」と理解した場合には、それを矯正しようとする無意識の最適化が行われます。例えば、視覚的に欠陥があっても、そのことを十分に心得た慎重な人は、夜間運転を行わないなどの行動をとるでしょう。また、反応時間の遅い人は、それをカバーした注意深さで情報受容を行おうとするはずです。高齢者は、こうした補償メカニズムを最大限に発揮させる心理適性を保有していることに注目する必要があります。

ただし、補償メカニズムは、単純な交通状況ではうまく機能しますが、交差点のような複雑な交通状況では、安全運転態度をもってしても補償できない場合があります。加えて、最近話題になっている認知症を罹患したドライバーの場合には、事故を回避するためには運転を断念する以外に方法がないといわざるを得ません。認知症ドライバーについては、運転適性の問題を越えて高齢者福祉や新しいモビリティーシステムの問題へとテーマは広がってきており、運転断念後の生活のケアに関してはさまざまな分野から検討が始められております。

3．高齢者講習と認知機能検査

⑴ 高齢者講習の現状と課題

高齢者講習は、加齢に伴う身体機能の低下と運転への影響を自覚してもらい、各人の特性に応じた安全運転の方法を個別的、具体的に指導することを目的として実施されております。運転免許更新を希望する七〇歳以上のすべてのドライバーに対して、こうした趣旨で高齢者講習が実施されているのは、先進国で唯一日本だけであることを強調しておかなければなりません。

導入された背景には、一九九〇年代以降の六五歳以上の自動車乗車中の死亡事故増加が関わっております。これを啓蒙と教育によって改善しようとするところに日本的な特色を見いだすことができるでしょう。

一九九八年一〇月に開始された当初は七五歳以上を対象としておりましたが、二〇〇二年六月以降は講習対象が七〇歳以上に拡大されました。そして二〇〇九年六月からは、七五歳以上に対して、さらに認知機能検査と視野検査が加わっております。

運転適性診断では四種類の機器テストが行われていますが、限られた時間内（所要時間は全体で約三時間）に四種類をすべて実施することは、事実上困難であるとの声が、講習開始直後からすでに現場から出されておりました。したがって、運用面においてもテスト数の削減を検討せざるを得ない状況にあります。私の調査研究では、テスト数を削減しても、現在得られている知見、情報が十分確保できることが明らかになっており、結論的には現行の四種類から二種類に削減することが可能です。また、より有効性が増すといえます（所、二〇〇一、二〇一一c）。ちなみに、機器テストを実施することによって得られる知見、情報は次の三点です。

① 高齢者は反応時間の変動幅が大きく、これは事故者の特性と一致する。
② 高齢者はテスト課題に対してエラー反応が多くなり、この点も事故者の特性と一致する。
③ 高齢者はテスト課題が複雑な場合ほど、反応時間の遅れやエラー反応が見られる。これは、複雑な交通状況下において適切な行動が取れないことを意味し、高齢者の事故が交差点で多いという点で整合性がある。

機器テストで測定される「反応の速さ、バラツキ、正確さ」など、筋能力と感覚との調整能力（いわゆるサイコモーター特性）については、中高年齢層以上は若年層と比べて明らかに低下しております。そのため、高齢者講習の企画者は、同講習においてサイコモーター特性を測定する機器テストのみを実施することにより、能力低下のみをテスト受診者に自覚させようという意図があったのではないかと勘ぐりたくなるわけです。

高齢者講習を通して、高齢者に対して運転行動の改善を促すという目的からすれば、加齢に伴い不可避であるサイコモーター特性の低下をことさら浮き彫りにするだけではなく、むしろその低下を補償している人格、態度の位置づけをより強く認識させることのほうが重要であると考えられます。サイコモーター特性の測定・評価に偏向している高齢者講習での運転適性検査のテスト・バッテリーの中に、パーソナリティー特性を測定・評価するテストを加える必要があるといえます。そして、こうしたテスト結果をもとに、受診者一人ひとりに対して、きめ細かなカウンセリングを行う必要があるといえるでしょう。私は、高齢者講習開始当初からこの主張を一貫して行っているのですが、なかなか受け入れられないでおります。

(2) 認知機能検査導入による問題

前述のとおり、わが国では二〇〇九年六月より七五歳以上を対象に高齢者講習において認知機能検査が導入されました（「講習予備検査」と呼ばれております）。テストの作成にあたっては、東京都老人総合研究所の研究者が尽力し（本間・伊集院、二〇〇七）、集団で実施可能であり、認知症の重症度にかかわらず、感度（sensitivity, 認知症患者が検査で陽性〈認知症である〉と判断される比率）と特異性（specificity, 認知症でない人が検査で陰性〈認知症でない〉と判断される比率）の高い検査の作成が望まれました。さらに、実施・採点が簡単で実施時間が短いことも必須条件とされました。

こうした条件を満たすテストとして、アルツハイマー型認知症のためのスクリーニング検査である“The 7 Minute Screen（略称７ＭＳ）”（Solomon, et al, 1998）が検討対象となり、日本語版への改訂作業が進められました。７ＭＳは通常四つの下位検査から構成されておりますが、高齢者講習では、検査時間の都合等が考慮され、以下の三つの下位検査が用いられております。

①時間の見当識―検査日の年・月・曜日・時刻を記述させる。

②手がかり再生―検査者はテスト参加者に対して一枚に四種類のイラストが描かれたボードを四枚提示して、合計一六個の記憶項目とカテゴリーを確認した後、記憶させていく。その後、別の作業をはさんだ後、先ほど記憶させたイラストをヒントなしに記述させる。さらにヒントをもとに記憶項目を思い出させて記述させる（図3・3、3・4、筆者撮影）。

③時計描画―紙に時計の文字盤を描かせ、次に指定された時刻（例：11時10分）を示す針を、その文字盤の上に表示させる。

総合判定は、各下位検査得点を所与の式に当てはめて判定され、認知症の程度に応じて、第一分類（軽度認知症）、第二分類（認知症の疑い）、および第三分類（健常者）に分類されております。ちなみに第一分類は、CDR（Clinical Dementia Rating, 認知症の重症度評価法）1.0に相当し、第二分類はCDR0.5、そして第三分類はCDR0になります。

検査導入から半年が経過したあたりから、この検査に対する疑問の声が講習現場から聞こえてくるようになりました。

まず、分類判定の決め手になる検査は「時間の見当識」であり、第一分類とされた人は、基本的にこの検査で大きくつまずいているとのことでした。一方、「時間の見当識」をクリアすれば、仮に「手がかり再生」と「時計描画」で失敗しても第一分類とされることはないとの声も聞かれ始めました。さらに第一分類とされる人は全体のおよそ二%程度であるという具体的な数値もあがってきました。ちなみに、この講習での検査で第一分類と判定され、さらに一定期間内に信号無視などの交通違反があれば、専門医の診断が義務づけられます。そして、認知症と診断されれば、運転免許は更新されないというのが現行システムです。

第一分類とされた人は、確かに軽度認知症であると思われます。しかし、第一分類とされた人でも、運転指導の専門家である自動車教習所指導員の判定によれば、運転行動は合格の人が多いという声が交通心理士会等で全国各地から報告されており、こうした生の声が現場を大変混乱させております。要するに、これは軽度認知症であっても運転は可能な人が多数存在するということに他ならないからです。この理由は、運転行動は手続き的記憶によって支配されて

図 3.3　手がかり再生検査の実施光景
（茨城県土浦市）

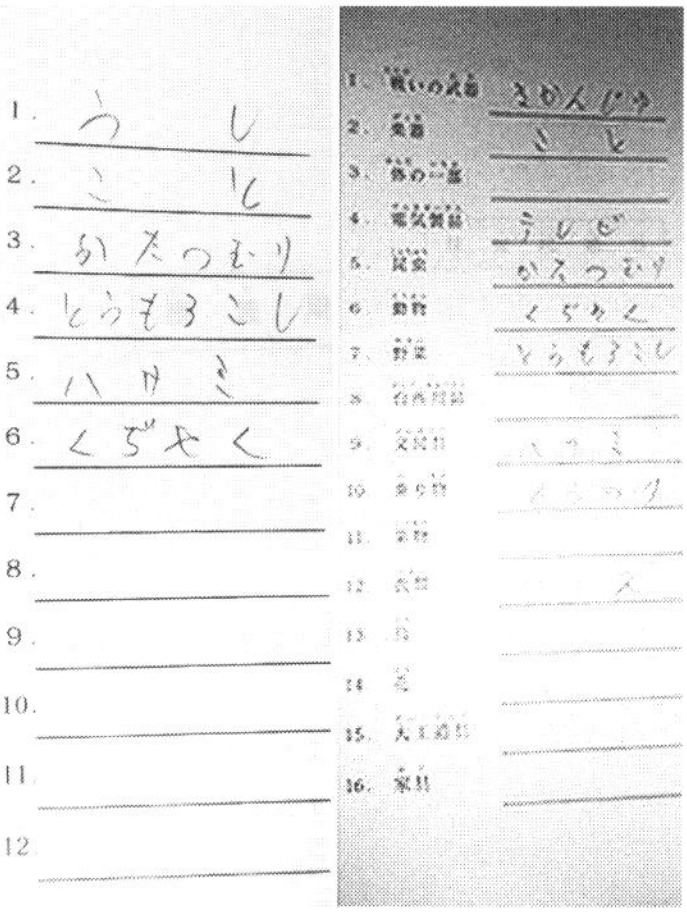

図 3.4　手がかり再生検査の解答例

いるため、軽度認知症によって脳の一部が損傷しても、手続き的記憶を司る部位は依然として健在である人が多いということで説明可能であるように思われます。私が視察した現場においても、第一分類とされた八一歳の女性が、自動車教習所内の道路をマニュアル車で器用に運転し、同乗した指導員の評価は合格とされたケースが存在しました。

精神医学者は、「認知症患者とその家族が運転を中止するのは、事故の発生が大きなきっかけになる実態が明らかになった」（池田、二〇一〇）と述べておりますが、認知症であっても問題なく運転できるケースが存在する以上、事故を起こさない限り、自ら運転を断念する人があまりいないことが十分理解できるわけです。

現行システムでの認知機能検査の問題点として、当初より次のような点が指摘されておりました（所、二〇〇八a・池田、二〇一〇）。

① 記憶検査主体の検査であるため、アルツハイマー型認知症はみつけられるが、その他の認知症は発見できない。とりわけ、脱抑制によって交通規則を守る気がなくなるという前頭側頭型認知症を発見できないことが問題視される。
② 健常者（第三分類）と認知症予備軍の人（第二分類）の識別が難しいとされる。
③ 運転断念を迫られた人に対するアフターケアに関しては、全く考慮されていない。
④ 七五歳未満の認知症ドライバーも多数存在する可能性がある。

認知症患者によって車の運転が行われると危険であることは、常識的に誰もが理解できることです。しかし、認知症には程度があり、どの段階で運転禁止の線引きを行うかについては、容易に結論を出せません。研究者の中にはこの線引きの議論に研究テーマとしての価値を求め、強い関心を抱いている人も少なくないようです。確かにその研究には一定の価値があるといえますが、現場のニーズとしては、むしろ運転断念後の生活ケアを検討することのほうがより重要であるように思われます。その理由は、現在の医学水準では、大半の認知症が治療によって回復する病気ではなく、進行性の病気であるため、誠に残念ながら認知症と診断された人にとって、運転断念の時は決して遠い先のことではないからです。それ故に、運転断念後の生活ケアが不可欠になり、具体的には次の2つがとりわけ重要になると私は考えます。

図 3.5　高齢者講習の光景（茨城県土浦市）

① 心理的ケアシステムの検討

② 通院・買い物等への移動手段確保のためのコンサルテーション

認知症ドライバーが増え続ける中で、こうした役割を今後誰が果たしていくかについて、交通関係者は真剣に検討していかなければなりません。現在その最適任者といえるのは「交通心理士」です。交通分野のケアマネージャーである交通心理士への期待が高まると私は考えます。交通心理士の役割については、最終節において改めて述べたいと思います。

また、一部の研究者の関心をかきたてている認知症ドライバーの行動研究に関しては、ワーキングメモリー（作動記憶）に視点をおくことが重要であると私は考えております。その理由は、認知症患者は、加齢に伴う神経伝導速度の低下に起因して、複数の情報を同時に記憶・処理することが特に苦手となるからです。これは運転行動において最も重要な点が欠落することを意味します。現行の認知機能検査である7MSは、アルツハイマー型認知症のスクリーニングに限定された検査であるため、運転能力の正誤に直接関わる認知機能の程度を測定しているとはいいがたく、その意味では短期記憶の一種である作動記憶の能力を測定する神経心理学的検査（Five Cog.Test, TKW式認知症重症度検査など）を用いたほうがよいと私の共同研究者である谷口幸一・東海大学教授（老年心理学）は指摘しております。ちなみに、Five Cog.Testとは、手先の運動機能を評価する検査に加えて、記憶・注意・言語・視空間認知・思考の五つの認知領域を測定する検査です。加えて、集団で実施可能であり、軽度認知症、軽度認知障害および健常者のいずれのレベルでも評価が可能であるとされております。今後の重要な検討課題になるといえるでしょう（所、二〇〇八b）。

4．運転断念者に対するメンタルケアの必要性

運転免許をもつことは高齢者にとって自立の象徴であり、車の運転ができるということが家族の中での自分の存在意義に関わる場合も少なくありません。そのため、認知症を罹患したドライバーに対して医師が運転断念勧告を行う際には、こうした点を十分に配慮する必要があるといわれております。

図3・6は、私が関わった研究プロジェクトにおいて、同居家族人数と運転頻度との関係を調査したデータです。同居家族人数が多くなるにつれて、運転頻度が増えている状況が見て取れます。同居家族人数が五人以上の場合には、七七％の高齢ドライバーが毎日運転すると回答し、週三日以上であれば実に九九％が該当しております。

ちなみに、同居家族人数が五人以上の家族形態の大部分は、三世代同居家族であると考えられます。三世代同居家族では、祖父による孫の送迎など、高齢ドライバーが家族内で重要な役割を担っていることが容易に想像できます。高齢者自身が家族内でこうした役割を担うことにより、自らが家族内で重要な存在であることを自覚することができ、自尊欲求を充足していると考えられます。これは高齢者が生きがいを見いだす上で大変重要なことであるといえます。

しかし、運転免許を断念することにより、家族内での役割を担えなくなると「自らの存在は家族内のお荷物である」といった意識が頭をもたげ、高齢者自身の尊厳をひどく傷つけることになりかねません。仮にこのような事態に陥った場合には、高齢者にとって運転断念は、生きるための拠り所を失うことになり、若い同居家族の理解の範囲を超える大変重要な人生上の問題になってしまいます。

在宅認知症患者の介護破綻要因の調査によれば、認知症患者の車の運転に関する事項は介護破綻の重要な要因の一つとされ、運転断念後のケアを家族だけに負わせることの危険性を示唆しております。そのため、在宅での介護の継続を成功させるためには、介護者や家族、後見人も含めた場での免許更新を検討するなど、免許制度自体のあり方も検討する必要があると精神科医は指摘しております（上村ら、二〇〇五）。

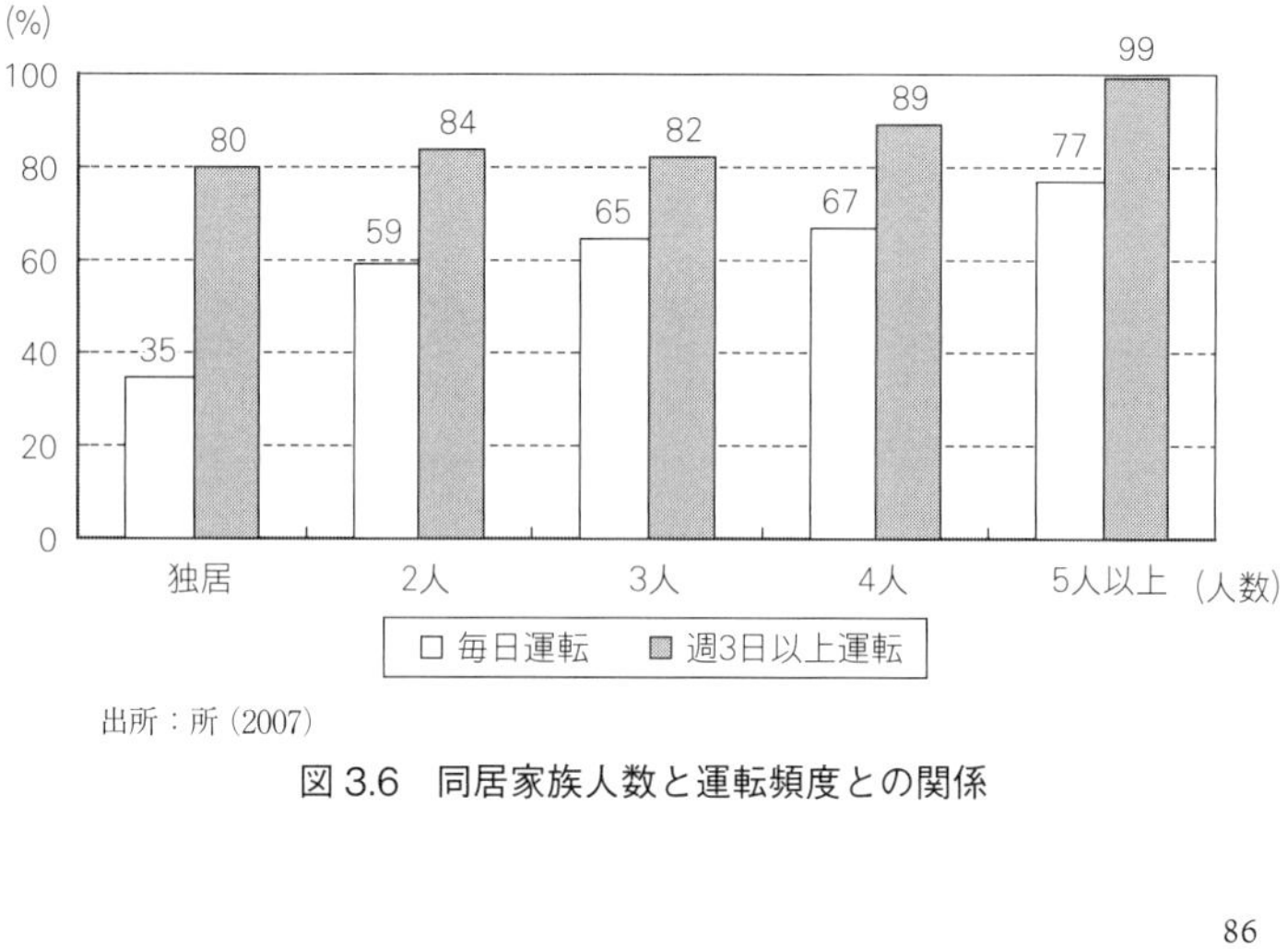

出所：所（2007）

図 3.6　同居家族人数と運転頻度との関係

運転断念が避けられない事態では、本人への告知と納得のいく運転断念へのソフトランディングを可能にするため、生活指導を含めたカウンセラー役が必要になるといえるでしょう。多少のカウンセリングの知識と心構えを学んだカウンセラー役（ボランティア役）を養成することが急務になります。ケア担当チームに医師、家族、交通警察の担当者らとともに交通心理士が加われば効果的であると私は考えております。

ケアの一つの方法としてピアカウンセリングの導入などが検討課題としてあげられます。これはカウンセリングというよりも、むしろボランティアというとらえ方のほうが重要です。ピア・ボランティアの考え方は、一昔前、日本の田舎で縁側に座って茶飲み友だち同士が、世間話をしながら日々の交流をしていたことがヒントになっております。運転断念者へのメンタルケアに対して関心・意欲をもつ人であれば、二〇時間程度の訓練を積めば、この任務に就くことは十分可能であると思われます。すでに一部の自治体では、交通アドバイザーという人が高齢ドライバーの家庭訪問を行っており、こうした試みは全国に広めてほしいものです。

5．地方社会におけるデマンド交通システムの導入

認知症により運転断念を余儀なくされた人たちに対するメンタル面でのケアについては前節で紹介しましたが、これに加えて病院への通院や買い物への移動手段の確保などの生活支援が強く求められております。これは、地域社会の中で医療、福祉、交通の関係者が連携すること

によって成り立つシステムであり、今後より一層推進していくことが不可欠になります。

その一つに「デマンド交通システム」があります。これは、利用者それぞれの希望時間帯、乗降場所などの要望（デマンド）に応える公共交通サービスであり、タクシーの便利さをバス並みの料金で提供するところに特徴があります。利用者はまず「情報センター」に電話で利用希望時間帯と目的地を告げ予約を行います。ワゴン車タイプの車が、乗り合う人を順に迎えに行き、すべての人を目的地まで送っていくという交通システムです。料金は通常二〇〇～三〇〇円程度とまさにバス並みです。巡回バスとの大きな違いは、予約した人の家をそれぞれ回るため、バスのように決まった路線もなく、停留所まで歩く必要もありません。利用申し込みがない場合は運行もしません。

デマンド交通システムは、主に過疎・高齢化が進む地域において自治体の福祉事業（必要経費を自治体財政から拠出）として取り組まれるケースが多く、その代表格が茨城県の東海村です。しかし、北海道の伊達市のように行政がコーディネートしつ

表 3.1　東海村のデマンド交通システム利用状況

登録会員数	5800 人（2008 年 7 月時点）
利用料金	200 円／回
1 日当たりの利用者数	150 人（2007 年 1 ～ 12 月の平均）
利用者の年齢階層	全体の 70%が 70 歳以上（同上）
利用者の性	全体の 82%が女性（同上）
主な利用時間帯	9:00 ～ 11:00 が全体の約 40%（同上）
稼働タクシー台数	月曜～金曜 5 台、土曜 3 台

つも基本的に民間の事業として位置づけ、財政支出を最小限に止めている自治体もあります。本節では、私が現地調査を行った二つの自治体の取り組みを紹介したいと思います。

(1)　茨城県・東海村

同村は、東京都心から北へ約一三〇km、JR特急で約九〇分、県都水戸市から北東約一五kmに位置しております。人口は約三万七〇〇〇人ですが、わが国有数の原子力関連諸施設の集積地として有名な自治体です。同村は、茨城県下でいち早くデマンド交通システムを導入し、その利用概況は表3・1のとおりです。利用者の特徴として、七〇歳以上の高齢女性が多く、利用時間帯は午前中が多いことが特徴です。

豊かな自治体財政が背景にあるため、当事業は村民のための福祉事業として位置づけられていることが特筆されます。また、当事業のサービスエリアは同村内に限定されているため、例えば近隣都市の水戸市や日立市への外出を希望する場合には、駅までの送迎となります。しかし、同村内には、村

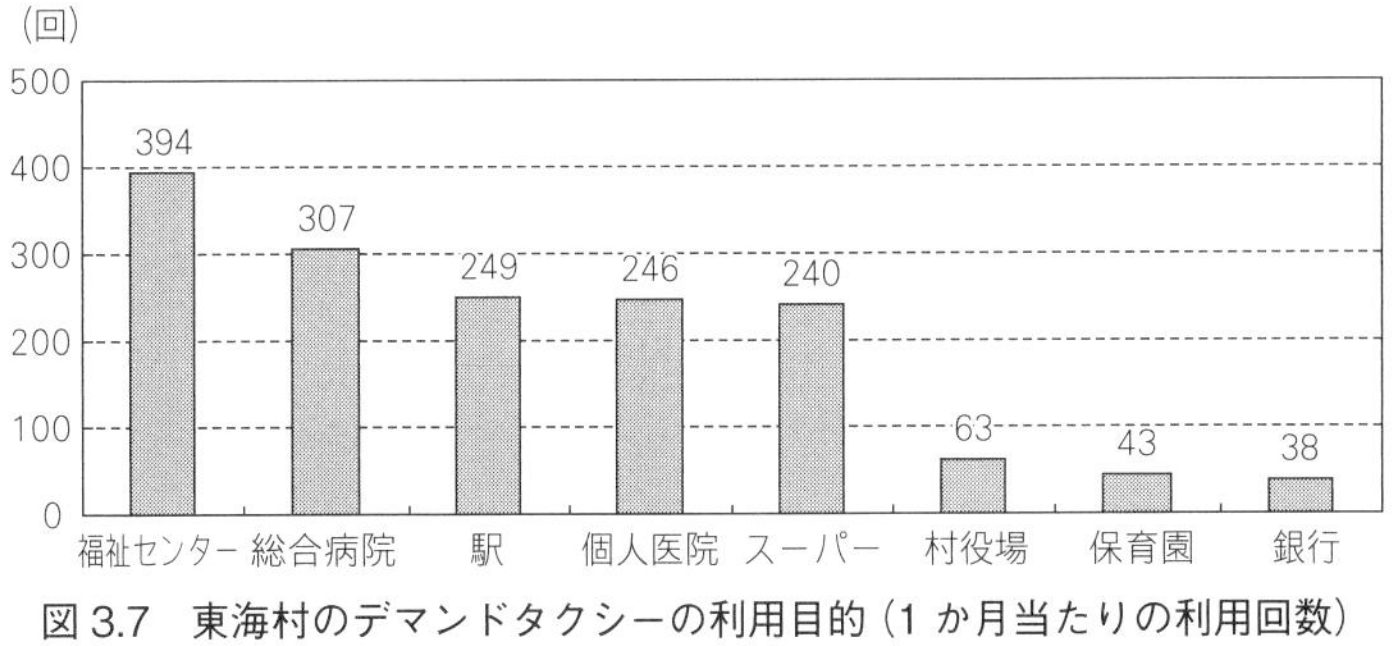

図 3.7　東海村のデマンドタクシーの利用目的（1 か月当たりの利用回数）

民の生活に必要なインフラがほぼ整っているため、当事業が村内限定であることに対する不満はほとんど聞かれないとのことです。

二〇〇七年における一か月あたりの利用目的別の利用回数を整理したものが図3・7になります。村民の主な利用目的は、福祉センター、病院、駅、個人医院、およびスーパーマーケットの五箇所になっていることがわかります。

さて、二〇一一年三月の福島原発事故後、原発に依存する東海村行政に変化の兆しが見られます。原子力関係者が住民の三分の一に達する同村ですが、この度村長は「脱原発」の姿勢を鮮明にし、波紋を広げています。東海村沿岸を襲った津波があと七〇センチ高ければ、東海原発も福島原発と同じ事態に陥ったとされます。加えて半径三〇キロ圏内に百万人以上の人口を抱えており、同村長は、国に対して東海第二原発の廃炉を提案しています（「朝日新聞」二〇一二年一月一日付）。今後の展開が注目されます。

(2) 北海道・伊達市

同市は、札幌から高速道路で一二五km（移動時間は九五分）、JR特急ではおよそ九〇分でアクセスできる場所に位置しております。人口は三万七〇〇〇人ながら微増であり、札幌への一極集中が進む北海道においては極めて珍しいといえます。また同市では、北海道内、本州からの移住促進事業が積極的に展開されており、年間約一〇〇人の移住者があるそうです。地形的な理由により北海道としては四季を通じて比較的温暖な気候であり、真夏日は年に数回程度、一～二月の気温も零度前後であり記録上は「積雪量なし」となっております。

しかし、同市の六五歳以上人口比率は二九％と全国平均よりもはるかに高く、五〇歳以上比率も五〇％を超えており、全国有数の超高齢化自治体の一つに数えられております。人口は前項で紹介した東海村とほぼ同じですが、面積は約一二倍であるため人口密度は低く、市民は市内各地に点在するように居住しております。そのため、行政サイドは市民サービスの提供にあたっていろいろと知恵を絞り、マネジメントの発想を導入することにより画期的な取り組みを展開しております。

同市の取り組みにおいて特筆すべきものの一つとして、医療・福祉施設、金融機関、大型店舗などの街中心部への集積施策があげられます。全国の多くの自治体が、街中心部には十分な駐車場スペースを確保でき

表 3.2　伊達市のデマンド交通システム利用状況

登録会員数	1310 人（2008 年 3 月時点）
登録料金（会員条件）	1000 円（会員条件は 60 歳以上）
運営主体	商工会議所
予約方法	市内タクシー会社（2 社）に直接予約
利用料金	500 ～ 2500 円／回
1 日当たりの利用者数	19.3 人（2007 年 4 月～ 08 年 3 月の平均）
利用者の年齢階層	60 歳以上の 10.2％が会員登録
利用者の性	全体の 72％が女性
主な利用時間帯	8:30 ～ 10:30 が全体の約 50％

出所：伊達市ホームページから引用

図 3.8　街中心部の拡張された段差なし歩道（北海道・伊達市）

出所：図 3.8 と同じ

図 3.9　市郊外の光景（北海道・伊達市）

ないことを理由に、こうした施設をどんどん郊外へ移転させ、街中心部を空洞化させているのに対して、伊達市の取り組みはまさに正反対です。伊達市がこうした政策をとる背景には、深刻な高齢化が進み、マイカーを操れなくなる人が今後増えることを十分に予測していることが背景にあります。すなわち、市民の居住地から街中心部までデマンド交通システムを整備することにより、ひとたび高齢者が街中心部へ出向けば、病院や買い物などの生活に必要な基本的な用を足すことができるというわけです。そして、高齢者が多く集まる街中心部では、段差をなくした歩道を設置し、しかも歩道幅を拡張することによって歩きやすくしております。こうした試みは、高齢者と障害者のためのまさに画期的な街づくりであるといえます。

さらに注目すべき点として、伊達市では福祉施策よりも生活産業の創出をスローガンに「民間活力を生かした街づくり」が展開されており、行政からの補助金は最小限に抑えられております。デマンド交通システムについても、地元商工会議所が運営母体となり、あくまでもビジネスとして成り立つことを前提に取り組まれております。

こうした伊達市の取り組みは、全国的にも注目されており、街づくりに関する取材・視察は年間八〇件、来庁相談一二〇件、電話問合せは四〇〇件に上るとのことです。

6. 高齢者講習に関わる交通心理士の役割と提案

わが国では、先進国で唯一、七〇歳以上の運転免許更新希望者全員に対して一律に高齢者講習が実施されております。そのため、高齢者講習の充実強化は、今後のわが国交通安全対策における最重要課題の一つといっても決して過言ではありません。そこで本節では、「交通心理士」が、この問題に対してどのように貢献できるかについて、私の考え方を述べていきたいと思います。なお、以下の記述は、私のこれまでの論考（所、二〇一〇、二〇一一c）を加筆修正したものであることを付記します。

現行の高齢者講習担当者は、一定の勤務経験をもつ自動車教習所指導員（教習歴一年以上、運転適性指導歴一年以上）が、安全運転中央研修所で四日間の集合研修を受けることが条件になっております。そこで、この研修修了後に資格申請の書類手続きを行った人に対して原則的に「交通心理士補」資格を授与してもよいのではないかというのが私の考え方です。すなわち、前記研修修了後に交通心理士補・資格に関心をもち、資格取得のための書類申請を行った人には、各地域における認知症ドライバーケアの中核的推進者になることを期待するというものです。単なる書類申請方式の資格認定に対して異論のある方もいると思いますが、交通心理士補の場合、資格取得後三年以内に研修会参加や研究発表を行って実績ポイントを積み重ねないと失効してしまう暫定資格であるため、一定の専門的基盤をもった資格取得希望者に対して暫定資格を付与することに問題はないと思われます。そして、暫定資格である交通心理士補の期間中に実績ポイントを積み上げ、正式な「交通心理士」に昇格した後に、認知症ドライバーのケアに当たるというシステムにしてはどうかと思います。ちなみに、臨床心理士資格の場合も創成期においては、書類申請方式で資格が付与されていたことを付記しておきます。

高齢者講習の受講対象者が激増しているため、当然ながら同講習を担当する自動車教習所指導員の数も増えております。そのため、同講習の質的水準を維持していくためにも前記案は大変有効であると思われます。交通心理士補から交通心理士へ昇格するためには、日本交通心理士会が主催する研修会や研究発表会に出席することが不可欠になりますが、参加者数が数千人規模になった場合、研修会運営が困難になることを理由に前記案に対して慎重姿勢をとる学会幹部もおります。この主張に対しては、次のように反論したいです。すなわち、大学受験の大手予備校では、地方会場等においては映像を内蔵した情報機器を利用することにより、少人数の講師で高いレベルの授業を行い、優れた実績をあげている事例が多数存在しております。こうした方法を交通心理士会でも導入することにより、研修会を運営することは十分可能であると思われます。

こうした提案を警察庁が受け入れれば、交通心理士資格は警察庁が管轄する安全運転中央研修所での集合研修を前提とした資格となるため、他の心理士資格に先駆けて「国家資格」になるという希望も膨らんでまいります。

世界でも類を見ない超高齢社会を迎えているわが国においては、今後あらゆる業種・職種が何らかの形で高齢者と関わることになります。交通現場も例外ではなく、従来は主に若年者の運転免許取得の場であった自動車教習所が、今後は高齢者向けの地域社会の交通安全センターとしての役割を担うことが求められます。そして、交通心理士資格をもつ指導員を中心に認知症ドライバーのケアを担当していくことになる自動車教習所に対しては、地域社会における交通安全の拠点という評価が一段と高まっていくでしょう。

交通心理士資格取得に対する関心の高まりと、関係各方面からの活発な議論を大いに期待したいものです。

第4章　地域交通安全と高齢者ボランティアの役割

1．小学1年生の自転車通学による交通死亡事故を考える

茨城県のある農村地域で自転車で登校中の小学1年生の女子児童（当時六歳）が大型トラックにはねられて死亡するという大変痛ましい交通事故が二〇〇九年一〇月に起こりました。新聞報道によれば、事故は同地域の町道で、通勤による道路混雑と重なる午前七時三〇分ごろに発生し、この女児は姉と友人とともに片道二・五キロ離れた小学校へ自転車で通学する途中で起こったとのことです。また、事故を目撃した人の証言によれば、折からの台風の影響で路面はぬれており、路上には落ち葉が散乱し、事故に遭った女児は落ち葉に足を取られ、ペダルを踏み外した拍子に、中央付近にはみ出し、トラックにはねられ、頭を強く打って即死したとのことでした。

事態を重く見た茨城県警交通規制課は、事故後、現場付近の交通量調査を事故発生と同時間帯の午前七～八時半ごろ、二日間にわたって実施しました。それによると、付近の県道は通勤時間帯には大変渋滞し、これを回避するため、学童らが自転車通学路として利用している町道を迂回路として利用するドライバーが多く、一時間半の間に実に四〇〇台以上の車が通過することがわかりました。ちなみに、町道は幅員が五ｍ四〇㎝～五ｍ六〇㎝と大変狭く、路側線も引いてありませんでした。

この女児が通う小学校では、約四〇年前から自転車通学が恒常的に行われており、現在も一一五名が自転車通学を行い、そのうち一年生児童は二〇名に上るとのことです（「朝日新聞」二〇〇九年一一月七日付）。

茨城県教育委員会では、この事故を深刻に受け止め、県内四四市町村の全公立小学校五六九校の児童一六万八七五六人に対する緊急通学実態調査を実施しました。それによると自転車で小学校に通う児童は、県内一八市町村の四七校で一四一七名に達し、児童全体に占める割合は〇・八％、そのうち一年生児童は一一五名であり、一年生全体の〇・四％を占めました。しかし、鉾田市の農村部にある小学校では、全校児童の約六割が自転車通学していることが明らかになり、全国的にも驚くべき事実として注目されております。そして、最も通学距離の長い児童の場合、自宅から学校までの道のりが四㎞を超えておりました。同小学校長の話として「この道のりを子どもたちが歩いて通うのは無理であり、自転車なら片道三〇分程度で通学できる。冬場の季節、街灯もない真っ暗な道を歩かせることはできない」と、自転車通学を認めざるを得ない理由として、通学距離の長さや防犯対策という地域事情をあげております。

同小学校では、親の世代から自転車通学が行われており、これまで大きな交通事故は起こらなかったとのことです。その背景要因として、同小学校長は保護者の多大なる協力をあげております。すなわち、保護者が毎日交代で集団下校する児童の最後尾をハザードランプを点滅させた自動車で伴走し、最後に帰宅する児童まで見届けているとのことです。また、雨天時には、両親や祖父母が自動車で児童を送迎することも日常の光景であるとのことです(「茨城新聞」二〇〇九年一一月一五日付)。

こうした茨城県の農村地域の実態をどのように考えるべきでしょうか。前出の朝日新聞記事の続報によれば、全国的にも小学生の自転車通学自体が珍しく、一年生での通学は稀有であるとのことです。学校から離れた地域では、スクールバスやスクールタクシーの利用、徒歩での集団下校がほとんどであるとのことでした。ちなみに、他県では、千葉県において八四五の公立小学校のうち二五校で自転車通学が行われているとのことです。

小学生の子どもに、ましてや一年生に対して自転車通学をさせたい親がいるとは思えません。学校関係者においてもこれは一致した見解のはずです。しかし、通学手段として自転車通学しか方法がない状況が長らく続いているわけであり、我々交通関係者には、そうした厳しい現実を見つめ、問題解決に取り組む努力をしていくことが求められます。

今回の痛ましい死亡事故を受けて、茨城県警は町道を迂回路として利用する車の規制を始めました。さらに、専門家を交えた対策検討委員会などを発足させ、真剣に問題解決への取り組みを始めております。しかし、当該町役場では、町道に路側線を引くことには前向きですが、道の拡幅になると、用地買収の難しさを理由にあげ消極的です。スクールバスの導入についても、町内のすべての小学校を対象にする必要があることを理由になかなか前向きになれないようです。

常識的な対策をあげれば、それは「スクールバスの運行」に他なりません。そして、そのための財源を捻出することが容易でないこともうなずけます。しかし、現在の迷走している政治情勢をみれば、果たしてそうなのかと誰もが思いたくなります。少子化対策の目玉の一つとされた「子ども手当」に関しては明確なポリシーが見いだせず、必要なところへは行き渡らず、まさに選挙目当てのバラマキといっても過言ではありません。そして、子ども手当創設の最大の目的であったはずの出生率の上昇にも、必ずしも結びついているとはいえません。

子育て中の親にとって、子ども手当が支給されれば、そのこと自体はありがたい限りですが、日本の現状を考えれば、すべての人に対して広く薄く一律支給するのではなく、優先順位を付けた対応が行われても、やむを得ないように思われます。本節で取り上げた農村地域の子どもたちは、最寄りの小学校へ通うにも、これだけの負担を負っているわけです。こうした子どもたちに対して、子ども手当を重点配分することにより、スクールバスの運行を実現させることは、優先すべき教育行政上の課題であるように思われます。

しかし、一方では別の考え方もあります。次節で述べる「保護者による送迎義務化の徹底」です。これは、日本人の子育てに対して抜本的な意識変革を迫るものです。

2. イギリスにおける学童通学送迎に関する保護者の義務

小学一年生が登下校途中に悲劇に遭って亡くなるというケースは、交通事故以外にもあります。二〇〇五年一一月から一二月にかけて、一年生の女児が一人で下校途中に殺害されるという大変痛ましい事件が広島市と栃木県今市市（現日光市）で相次いで起こりました。この事件は当時の日本社会を震撼させ、多くの国民がこうしたむごいことをする犯人を断じて許せないという気持ちを抱きました。両親の無念さを思うと大変心が痛みます。しかし、残念ながらこの種の事件は、この時が初めてではありませんでした。わが国社会には、危機管理上の大きな問題があるように思われます。

当時の新聞報道によれば、集団での登下校、子どもに防犯ベルを持たせるといった対策案が検討されましたが、いずれも決定力が欠けるように思えてなりません。例えば、次のような記事があります。

●幼い子は疑うことを知らない。「知らない人に気をつけて」といっても、どこまで有効だろうか。親の送り迎えも各家庭に事情がある。「では、どうすればよいのか」。そんな問いだけが頭を駆け巡った（「毎日新聞」二〇〇五年一一月二六日付）。

●ボランティアの活用、安全マップの配布、元女性警察官の巡回など、各自治体も登下校中の子どもを守る試みを始めているが、有効な手だてを見つけきれないでいる（「朝日新聞」二〇〇五年一一月二七日付）。

●下校には教職員が付き添うが、全員を自宅まで送り届けることは無理である。保護者に下校時間を一斉メールで伝え、「できる人は出迎えを」と書き添えてある。しかし、共働きの家庭も多く、毎日出迎えができる家庭の方がむしろ少ない（「朝日新聞」二〇〇五年一二月三日付）。

●子どもをねらった凶悪事件が相次ぐなか、防犯のハイテク化が進む。……広島市の小学校では「児童見守りシステム」の運用が始まった。携帯電話を使い、児童が登下校時に通学路を通ったかどうかを確かめる仕組みだ。児童に携帯電話が入ったケースをランドセルにつけさせる。その携帯電話が通学路沿いの三〇か所の電柱に設置されたＩＣタグを読み取り、児童がいつ、どこを通過したかをつかむ。保護者らは携帯電話等を通じて、情報を確認できる。児童が一定時間通学路から離れるなどの異常が起こると、緊急メールが送られる（「朝日新聞」二〇〇七年一一月二二日付）。

大切な子どもの命を守るための対策検討において、日本の社会は根底部分が少しずれているように思えてなりません。我々は日々何のために働き、何を実現しようとしているのかについて、もっと真剣に考える必要があります。子どもの命を危険にさらしてまで、日本社会が守り抜かなければならないものは何なのかを、大人たちは改めて問い直し、社会全体で子どもの安全を守ることに対して、プライオリティーを上げていくコンセンサスを形成していくべきであると思います。ICタグで登下校を見守るシステムを開発することに知恵を絞る前に、最も基本的なことに着手すべきではないでしょうか。

すなわち、最も有効な対策とは、「子どもの登下校時の保護者による送迎義務化」を原則的に義務づけることであると私は考えます。これをすべての小学校で徹底してほしいと思います。ただし、もちろん原則には例外があります。全国にはさまざまな家庭の事情をもつ子どもたちがいるわけであり、絶対的な送迎の義務づけは不可能です。そのため、送迎のできないケースに対しては、全面的な社会的支援を施していかなければなりません。

ちなみに、イギリスではこれが徹底しています。私は二〇〇三〜〇四年にかけてイギリス中部の都市・シェフィールドに在外研究のため一年間滞在し、二人の子どもを市内の現地校に通わせました。同校では朝八時四五分までに親子同伴で登校し、下校時は午後三時二〇分までに親は校庭に集合することが義務づけられました。万が一、親が定時を過ぎても迎えに来ない場合には担任教員は親に電話を入れ、親が来るまでは絶対に子どもを帰さないという慎重な対応でした。

イギリスで徹底していることが、日本ではなぜできないのでしょうか。おそらく父母の多くは、「登校時はともかく下校時に迎えに行くことは難しい。職場の理解が得られない」と答えるでしょう。そして、学校関係者からは「親に送迎を義務づけると共働きの親には大きな負担となる」という回答が予想されます。紹介した新聞記事にも、そうしたことが記されております。もっともな理由のように思われますが、その背景には、「子育ては個人的都合であり、職場の中に甘えを持ち込まれては困る」という考え方がわが国の社会通念であり、それが多くの組織を支配していることがこの問題の根源であるように思えます。

イギリスでは、小学生の子どもをもつ母親のほとんどが有職者ですが、多くの母親が子どもの送迎を行っております。子どもの安全を守るための送迎は親の責務であるとの認識が社会全体で共有されており、そのために子をもつ親が一時職場を離れることを容認する組織風土が、この国ではすでに醸成されているようです。社会全体で子育て中の家族を支援していこうという風土が確立しているといったほうが適切であるかもしれません。この点が日本社会との大きな違いであるといえそうです。

また、父親による送迎も珍しくありません。日本では父親が午後三時頃職場を離れて子どもを迎えに行くことなど、まず考えられませんが、イギリスでは様相が異なります。その理由は、子育ては夫婦の分業であるため、父親の仕事としても違和感はないということです。

余談ですが、在外研究中、私の妻は、隣の家の奥さんにこう言われたそうです。「あなたの家は夫婦の役割分担がはっきりしているから喧嘩は起こらないでしょうね。うちの場合には、子どもの世話やお互いの仕事や趣味の時間のことでしょっちゅう、いざこざがあるのよ」。これを聞いて私はショックを受けました。少なくとも在外研究中の私は、日本にいるときに比べて格段に時間的な余裕ができたため、子どもの送迎や買い物などを相当やっていたつもりでした。しかし、隣人には、やはりこのような目でしか見られなかったことに日本人男性としての限界を感ぜざるを得なかったからです。ちなみに、日本人男性の一日の平均家事時間はおよそ三〇分ですが、欧米主要国の男性のそれは二時間であるといわれております。日本には依然として「性役割」という概念が残っておりますが、欧米では、ほとんどなくなっております。

また、子どもの送り迎えといった役割を祖父母が担っている家庭も多々あります。祖父母とは別居していても協力し合い、この役割を必ず家族の誰かが実行しております。さらに登下校時の市内のすべての小学校正門前の横断歩道には、ロリーポップマンと呼ばれる交通誘導係が出動し、子どもの交通安全をサポートしております（図4・1、4・2、筆者撮影）。彼らが市役所職員であることからも行政当局の子どもの交通安全に関する優先順位の高さがうかがえます。すなわち、イギリスはボランティア意識が格段に高い国ですが、子どもの交通安全に関わる仕事については、決してボランティアの善意に委ねることなく、行政の仕事として位置づけていることに、この仕事の重要性を認識することができます。子育ては、当事者である若い夫婦だけに委ねるのではなく、彼らが勤務する職場関係者、そして地元の行政当局などができる限りの支援をしていることが、こうした場面からも見て取ることができます。

図 4.1　ロリーポップマン(1)

図 4.2　ロリーポップマン(2)

わが国では少子化の進行が深刻な社会問題となり、若い夫婦が子どもを産み育てる環境づくりに関していろいろと知恵が絞られております。しかし、極めて不十分な状態といわざるを得ません。根源的な意識変革なくして少子化問題は改善せず、そして本件のような痛ましい事件も根絶できないと思います。

3．日本モデルへの期待──学童通学路での高齢者ボランティアによる歩行誘導

子どもの登下校時における保護者による送迎義務化について、私は前節で主張しましたが、わが国の現状を考えればまず実現不可能といえるでしょう。全国で防犯意識は高まってきておりますが、いまだ十分な対策には至っていないように思われます。

例えば、前橋市では市教育委員会が主導して、市内の全小学校で保護者が当番制で児童の集団下校に付き添うウォーキングバスの導入を決定しましたが、保護者から「負担が大きい」という不満の声が上がっています（「毎日新聞」二〇一一年六月二二日付）。

こうした声に押される形で、多くの自治体は、保護者や地域社会と協議しながら実情に応じた無理のない対策を検討するように小学校へ通達しているようです。すなわち、対策効果が高い方法を提示しても、実際にわが国の現場に定着できないのであれば混乱を招くだけであることがわかってきました。そのため、関係者は、わが国での実現可能性と対策効果のバランスを勘案した方法の検討に相変わらず頭を痛めているようです。

そこで、有力な案として上がっているのが「高齢者ボランティア」です。保護者への負担も少なく、きめ細かな地域事情に精通している最適任者であるといえるからです。

広島市の小学校では、二〇〇五年の悲劇的な事件後、ランドセルにICタグを取り付け、児童の居場所を特定する児童見守りシステムを導入しましたが、半年で打ち切られたとのことです。結局、大人の目で見守ることしかないということになり、集団で登下校する子どもたちを、地域の高齢者を中心としたボランティアと保護者が通学路に立って見守っているとのことです。事件後、市内の集団登下校と毎日の見守り活動は六年目に入り、現在も続いております（「東京読売新聞」二〇一一年六月八日付）。

栃木県日光市でも二〇〇五年の事件後に、高齢者の力で子どもたちを守ろうと地域の老人クラブ連合会が翌二〇〇六年に「地域の安全見守り隊」を発足させました。ちなみに、老人クラブ連合会には、二〇一一年四月時点で一七四四人（六〇歳以上）が入会しており、当会を自主運営しているとのことです。

地域の安全見守り隊は、地域内の全小学校区の児童の登下校時に会員が通学路に立ち、見守り活動を毎日行っているとのことです。現在は、学校スクールガード（警察OBなどが地域の防犯指導に当たる国の制度、二〇〇五年から開始）や自治体とも連携を図り、小学校区ごとに学校との連絡会を開催するなど見守り体制の充実にも力を入れております。そして、このたび、学校安全の普及と向上に貢献したとして、老人クラブ連合会は、二〇一一年度の文部科学大臣表彰「学校安全ボランティア活動奨励賞」受賞の栄誉に浴しました。同賞の受賞は栃木県内では初めてとのことであり、同連合会会長は「登下校時の児童に対する会員の日ごろの活動が認められた。町から悲惨な事故を起こさないようにと心がけ、見守りに取り組んでいく。今後も会員が減少することなく、活動に一層の力を注ぎたい」と今後へ向けての抱負を述べました（「下野新聞」二〇一一年一一月二日付）。

広島県と栃木県の事例は、悲惨な事件の後に地域の高齢者の人たちが立ち上がったすばらしい事例であるといえます。特に栃木県の事例は、組織的に多くの高齢者が携わり、小さな町全体に広がっていることが大変注目されます。こうした動きが全国へ広がることが期待されます。

高齢者のボランティア活動が地域全体を活性化させているケースもあります。

山形県川西町では、地域ぐるみで子育てを行うことを通じて過疎の集落を活性化させています。主体は住民全員参加のＮＰＯであり、町内の吉島《よしじま》地区に立ち上がりました。この吉島地区の人口は約二九〇〇人であり、五〇年前に比べて約半分に減ってしまったとのことです。「活性化とは、住民一人ひとりに活躍の場があることだ」という考え方に基づき、地区内で唯一の学校となってしまった吉島小学校を重要な活動拠点として、地域ぐるみで子どもたちを支援しております。

そして、子どもたちの登下校への支援が、ＮＰＯ活動のシンボルになっております。この活動は、「よしじまっ子見守り隊」と呼ばれるＮＰＯ有志五〇人によって支えられており、朝夕、必ず通学路に見守り隊メンバーが歩行誘導に立ち、不審者情報などがあれば、隊員間の無線連絡によって、速やかに要所要所に緊急出動できる態勢がとられているとのことです。同NPOは、学童保育の運営も担っているため、「教職員や保護者だけでは手が回らない部分を支えてもらい、助かっている。子どもたちが地域の大人に守られていると実感できるのがよい」と同小学校長は話しております。また、NPO事務局長も「多彩な活動を仕掛ける一番の目的は、地域住民の参加の場を増やすことである。学童をサポートする活動を行えば、高齢者に仕事と居場所が生まれる。過疎化は止められないが、それぞれの人に居場所があり、恩恵を感じられるような住みよい地域づくりをみんなで考えたい」と話しております（「朝日新聞」二〇一一年一一月三日付）。

地域福祉の観点からすると、小学校区のような小さな単位が最適であると専門家は指摘しております。その理由として、市町村単位となると範囲が広すぎてしまい、お年寄りの顔が見えなくなり、結局お役所仕事になってしまうということです。そして、子どもを見守る防犯活動についても同じことがいえるとのことです。

鹿児島県鹿屋市北部の山あいにある小学校では、過疎化によって二〇一一年に五校が統合され、この地区の校区では全児童一六一人中八九人がスクールバス通学になりました。スクールバス通学は、自宅付近まで送迎してくれるので、事件や事故に巻き込まれる危険性が減ることはいうまでもありません。しかし、徒歩の区間が、バス停と自宅の間だけになってしまうため、地域住民と児童との接する機会が減少し、地域社会全体で子どもを守ろうという意識が低下することを懸念する声もあります。この地区で地域学校安全指導員として長く活動を続けている女性は、「防犯には住民の協力が不可欠であり、小学校が消えたことによって、地域の防犯意識が弱まらなければよいが」と危惧しております。

北海道紋別市や兵庫県三木市では、地域住民がスクールバスに便乗して、買い物などの生活の足として利用することがあるとのことです。「スクールバスを子どもと高齢者が交流する場にしてはどうか。地域の防犯力を維持するための人間関係、つながりが生まれるはず」と地域福祉論を専門とする鹿児島国際大学・福祉社会学部の高橋信行教授は指摘しております（「南日本新聞」二〇一一年一〇月四日付）。

日本の少子化問題は深刻を極め、さまざまな対策が講じられておりますが、十分な成果が現れないことは本章の中でもすでに指摘しております。その理由の一つには、子育てに対して社会全体で支援していこうという意識が欠落していること、経済的支援も十分ではないことなどがあげられます。こうした点が、出生率を回復しているヨーロッパの主要国との大きな違いとされます。少子化が進む日本では、高齢社会への進行がヨーロッパ諸国よりも早く、現時点ですでに高齢化率は二三％を超え、世界一となっております。そして、今後も高齢化率は増加の一途をたどり、未曽有の超高齢社会に突入しているわけです。

こうした中で、本節で紹介した高齢者ボランティアによる歩行誘導をはじめとした各地域での社会活動は、まさに「超高齢国家・日本」にふさわしい活動として大いに注目されます。子どもの交通安全、防犯、地域活性化、高齢者の社会参加と生きがいといった目的を、この活動の推進によっていずれも達成することができるように思われます。「交通は社会の縮図」といわれますが、超高齢社会を実現している日本において、高齢者ボランティアが立ち上がり、地域社会の交通安全に貢献し、延いては地域の活性化に結びつけている、まさに二一世紀における、一つの「日本モデル」であるといえるでしょう。

4. 地域交通安全に関わる交通心理士の役割と提案

日本人は、欧米人に比べてボランティア活動に対する意識が低いとこれまでいわれてきましたが、二〇一一年三月大震災後の復旧活動を見ても、多くの人たちが被災地を訪れ、ボランティア活動を行っております。これは、「何か自分にできることはないか」という高い志をもつ日本人が増えてきたことを示しております。大震災と原発事故は、未曽有の大惨事として後世まで日本史上に残ることは確実ですが、高い志をもつ日本人が市民社会から現れ、二一世紀の日本社会変革の萌芽になりつつあることは、大変好ましい出来事であると思われます。

しかし、被災地へ出向いても、志だけでは十分な成果には結びつきません。何が不足しており、どのようなサポートが可能なのかを把握しなければなりません。ちなみに、被災者救済の際、次の三つがキーワードになるといわれます。
① 自助（自分と家族の努力で生活を立て直す）
② 共助（地域社会での協力によって生活を立て直す）
③ 公助（行政サイドの支援を中心に生活を立て直す）

一側面だけでなく、三側面からの支援の融合が重要であることはいうまでもありませんが、最も効力を発揮するのが「共助」であるといわれております。自助に限界があることは当然ですが、公助を期待していてもなかなか適切な支援が得られず、時間だけが過ぎ、苛立つだけであるという声がしばしば聴かれます。

しかし、日々の信頼関係が構築されている地域社会の中での「共助」には、大きな成果が生みだされていることです。一九五〇年代から日本の農村地域を中心にフィードワークを続けてきたイギリスの社会学者ロナルド・ドーア（Dore, R.）は、「向こう三軒両隣」という言葉を好んで使いますが、これは日本の農村地域の強い絆を表しており、まさに「共助」を言い換えた言葉であるといえます。

また、前節で紹介した事例でも、「地域福祉は小学校区のような小さな単位が最適である」という専門家の指摘がありました。理由は、市町村単位となると範囲が広すぎてしまい、お年寄りの顔が見えなくなり、結局お役所仕事になってしまうからとのことでした。

地域社会の交通安全に積極的に貢献しようと立ち上がっている「高齢者ボランティア」の方々に対して、社会全体として支援活動を展開していかなければなりません。この考え方に異論のある人はないと思います。そして、こうした人たちの高い志を生かして、より効果的に交通社会や地域社会の問題解決のために結びつけていく必要があります。

これまでの論点を整理すれば、小学校区を基本とした通学範囲において、きめ細かな地域事情に精通している高齢者ボランティアの方々を栃木県日光市のような「地域の安全見守り隊」として組織化することが、第一段階の仕事になります。

第二段階は、組織を円滑に運営していくことです。具体的には、隊員の方々に児童の登下校時に小学校区の通学路で見守り活動を行っていただくための業務マニュアルを整備し、業務ローテーションを決めることなどがあげられます。

第三段階は、こうした高い志をもつ高齢者ボランティアの方々の活動をより高めていくために、我々交通関係者に何ができるかということです。

高齢者ボランティアの方々は、豊富な人生経験があるため、道路環境や子どもの行動特性についても把握されていることでしょう。しかし、最近の道路環境は、歩道を猛スピードで走る自転車があったり、高齢ドライバーや女性ドライバーが増えてきたりと、急激に変化しております。そのため、一年に二回程度、地元の交通安全セミナーに参加していただき、最新情報を入手していただければ大変好ましいといえます。ただし、これはあくまでも任意とし、強制するものではありません。

現在でも地域交通安全のためのセミナーは、すでにいろいろと開催されております。ただし、いずれも別な目的で行われているため、既存のセミナーを地域交通安全のためセミナーとして位置づけ、運営資金を自治体や地元企業が負担するという形で改変できれば、理想的な二一世紀の日本の地域社会の青写真が描けるように思えます。

そして、こうしたセミナーに参加した場合、ポイントを加算していき、一定のポイント数に達した場合には、ボランティア活動実績と照らし合わせて「交通心理士補」の資格を付与してもよいのではないかというのが私の考えです。ちなみに、一定のポイント数とは、年間一〇〇日以上で一年間のボランティア活動実績に加えて、年間二回のセミナー参加を一年間続けた場合あたりを一応の目安としてはどうかと思います。なお、セミナー参加は、単なる聴講ではなく、後日簡単なレポート(一〇〇〇字程度)の提出も義務づける必要があるかと思います。

費用に関してですが、ボランティア活動家からセミナー参加費用や資格認定費用を徴収することは好ましくなく、一切無料にするべきであると思います。また、現行規定の場合、昇格努力を行わないと、「交通心理士補」の場合、三年間で資格が消滅しますが、ボランティア活動を継続している場合、それをポイント加算することにより、「交通心理士補」として資格が継続する道を残していくべきであると思われます。さらに、「交通心理士補」に留まっているボランティア活動家からは、交通心理士会としての会費を徴収するべきではないと思われます。

したがって、会の運営としては、このタイプの会員に対しては、会の情報等をすべてホームページで配信し、コスト削減に努めることになるでしょう。会員規模の大幅拡大が見込まれるため、運営全般において、全国各都道府県の交通安全協会との連携が必要になってくると思われます。今後は、退職警察官やボランティアの実績のある人に対して、積極的に「交通心理士補」資格を知らしめていく必要があるといえるでしょう。

ただし、交通心理士への昇格を希望する人に関しては、現行規定で取り扱い、従来通りに進めていけばよいと思われます。すなわち、交通心理士会へ入会していただき、必要経費を納入し、昇格試験を受験することにより、さらに上級の資格をめざしていくというものです。

こうした検討を、ぜひとも日本交通心理学会にお願いしたいと思います。

第5章 "Give Way"と江戸しぐさ
――文化・文明論的構造転換

1. "Give Way の心"

「交通は社会の縮図」であるということを、本書の中ですでに何度も指摘しております。その理由は、交通場面ではきめ細かな「交通規則」が整備されており、これを守らない人にはペナルティーが科され、これは、我々の暮らす一般社会が「法律」によって制御されていることとよく似ているからです。確かに交通場面では、皆目的をもって行動しているため、一人ひとりが自分勝手な行動をとると収拾がつかなくなり、他の車や歩行者、自転車に対する一定のルールが必要です。

しかし、実際には我々の暮らす一般社会は、必ずしも法律や規則によってすべてが制御されているわけではありません。法律や規則は、我々の行動の大枠を規制しているにすぎず、それらが入り込めない「網の目部分」が、至るところに存在しています。多くの善良な市民の日々の生活において、法律や規則を絶えず意識しながら生きている人が一体どれだけいるでしょうか。多くの人々にとって法律や規則というものは、何かトラブルが起きた時に初めて必要になるものであるように思われます。

例えば一般社会では、当初は円満な関係であった人たちが、契約、相続、あるいは婚姻等に関していろいろなトラブルを起こすことがしばしばあります。こうした場合には、法律の専門家が仲介することにより、問題の解決にあたるわけです。交通社会でも事故を起こした場合、保険会社等が仲介することにより、事故状況を分析し、どちら側に責任があったかを割り出し、損害賠償の手続きが取られることが一般的です。

これに対して、トラブルが起こらない平穏な暮らしの中で、「網の目部分」の人間行動を制御しているものは、他人に対する配慮の気持ちに他ならないと考えられます。なぜならば、社会生活の場面では、皆自分の気持ちに抑制をかけ、社会的に秩序づけられた行動様式をとっているからです。それ故に、多くの人が、日々の生活の中で法律や規則を意識しなくとも、円滑な社会生活を営めているように思われます。

こうした行動様式は、そのまま交通社会における人間行動にも当てはまります。運転行動を含めたあらゆる交通行動の基本は、他者（車）に対する配慮の気持ちをもつことであり、それ故に「交通は社会の縮図」であるといえるのです。

運転の基本は愛他精神であるという考え方がイギリスには伝統的に存在します。イギリスでは一時停止の標識は「とまれ（Stop）」ではなく、「相手に道を譲れ（Give Way）」と標示されております（図5・1、筆者撮影）。交通行動としては、日英とも一旦止まるという点では同じですが、相手に道を譲るために自分が止まるということを意味する〝Give Way の標識〟は、「安全運転に最も必要なことは他人への配慮であること」ということを示唆する大変含蓄のある標識であると私は感じております（所、二〇〇七）。すなわち、「網の目部分」で人間行動を制御しているものは、法律や規則ではなく、まさに〝Give Way の心〟に他ならないということです。

第1章の中で、〝Give way to oncoming vehicles〟（対向車線から来る車に道を譲りましょう）という道路標識［図1・10］とドライバーの運転行動について述べました。この点からも、イギリス人には〝Give Way の心〟が深く浸透していることがわかります。

車を運転するときには、当然ながら目的地があり、できるだけ早く目的地に到着したいと誰もが考えます。そのため、先急ぎ欲求が頭をもたげ、〝Give Way〟ではなく、〝Give me the way〟で走行しがちになります。とりわけ朝夕の通勤時間帯などは、その傾向が強くなるといえます。日本の道路の場合、狭い路地から広い道路へ合流する場合、信号がなければ簡単には合流できません。ましてや混雑時に路地から右折を行うことは、ほぼ不可能に近いことは多くのドライバーが経験的に知るところです。

しかし、イギリスの道路では様相が異なります。朝夕の混雑時でも、イギリス人は手招きしながら快く合流させてくれます。路地からの右折でさえも難しくありません。こうしたところに、イギリス交通社会に深く浸透している"Give Way"を感じるわけです。

この点に関連して、私がインタビュー調査を行ったロンドン駐在の日系物流企業の管理者は、「イギリス人は、自分が急いでいるときでも慌てず道を譲ってくれる。それによって遅刻をした場合には、職場の上司に『道を譲っていたから』と堂々と遅刻理由を説明する」と述べております。

ちなみに、イギリスとほぼ同じ文化をもつとされるアメリカの道路交差点では、"Yield Right of Way"と表示されております。これは"Give Way"とまったく同じ趣旨であることがわかります（山﨑、二〇一一）。

イギリス社会にこうした社会観が備わる背

図 5.1　"Give Way"の道路標識（英国・ケンブリッジ）

景には、長い年月をかけて醸成された文化的・歴史的風土が深く関わっていることはいうまでもありません。すでに超高齢社会となっているわが国社会は、イギリス社会に深く浸透している“Give Way”の社会観をぜひとも導入していく必要があるといえるでしょう。その理由は、超高齢社会を生きる価値観としては、競争による個人主義よりも、共存主義のほうが好ましいからです。

交通社会での基本的な態度として“Give Way”が徹底し、道路利用者間で親切を受けた人と施した人との間に“Thank you”と“Welcome”といった気持ちの交流が芽生えれば、事故は大幅に減るに違いありません。それは、“Give Way”の気持ちがあれば運転に余裕が生じ、十分な安全確認ができるからです。これに対して、先急ぎ欲求が強い“Give me the way”の気持ちで走行している限り、見落としが生じ、さらに相手を危険な状況に陥れることにもなりかねません。

老化に伴い運転操作を手際よく行えない高齢ドライバーが増え続けているわが国交通社会において、他者（車）への配慮を欠く“Give me the way”な運転をしているドライバーが依然として数多く存在することは、大きな問題です。“Give Way”の気持ちをもつことは、高齢ドライバーに対してだけでなく、すべての道路利用者の安全にとって不可欠なことなのです。

2. 江戸しぐさの心と形

(1) 江戸しぐさの心

現代の日本社会ではほとんど失われてしまっている“Give Way の心”が、明治時代以前において、すなわち西欧文明が日本に本格的に紹介される以前に、日本社会に局所的ながらも芽生えていたことはほとんど知られておりません。鎖国によって国際社会から隔絶されていた江戸時代の日本は、西欧諸国の科学技術の発達から大きく取り残されましたが、その一方で数々の奥行きの深い日本固有の文化が発達しました。

その一つである「江戸しぐさ」は、江戸商人が日々の生活の中で円滑な人間関係を営むために生み出した貴重な文化遺産であるとされております。

NPO法人・江戸しぐさを主宰する越川禮子氏によれば、代表的な江戸しぐさの一つとされる「こぶし腰浮かせ」は、乗合の船などで後から乗り込んできた人のために、皆がこぶし一つ分ほど腰を浮かせて詰め、席を譲るというしぐさであるとのことです。これはまさしく“Give Way の心”そのものに他なりません。乗合の船は当時の代表的な公共交通機関であり、そうした場面において“Give Way の心”が芽生えていたことは大変注目されます。また、「うかつあやまり」とは、人ごみの中で人の足を踏んでしまったほうだけでなく、踏まれたほうも「こちらこそうっかりして」と一言返すしぐさをさすとのことです。これは、“Thank you”と

“Welcome”のやりとりに似ています（越川、二〇〇六、二〇〇七）。

江戸時代には大阪方面から多くの商人を江戸に呼び寄せる政策がとられ、さらに日本全国各地から多種多様な人達が集まって参りました。一七世紀初頭の江戸幕府開設当初には一五万人程度とされた江戸の人口も、一七世紀末から一八世紀初頭の五代将軍綱吉の元禄年間には一〇〇万人近くに達し、当時のヨーロッパの大都市ロンドンの人口規模を上回る世界最大の都市であったと推定されています。

また、当時の江戸の市街地は現在ほど拡大しておらず、武家屋敷に多くの面積を割かれていたこともあり、総人口のおよそ五〇％を占めていた商人たちの居住地域であった江戸下町の人口密度は、現代の東京よりもはるかに過密であったと想像されます。加えて、当時は高層住宅がなかったことからも、地方から江戸へ出てきた商人たちはひしめき合って生活していたことがうかがえます。

同じ日本人とはいえ、文化的背景の異なる多種多様な人たちが全国から集まって形成された町が江戸商人の町ということになります。「異文化との共生」を、江戸しぐさという心構えを通して図っていたと越川氏は説明しております。皆が共倒れしないために、良好な人間関係を築くために「互角に向き合える、言い合える、付き合える」ノウハウとして、当時の人たちが江戸しぐさを紡ぎだしたといえるのです。まさに江戸における共生のための拠り所となるものであり、「江戸しぐさ」のしぐさは、「仕草」ではなく「思草」と書き、「思」は思想・思考を意味し、考えや思想がそのまま行為として表に出ると解釈されています。したがって、当時の江戸では、就職でも結婚でも、しぐさで選べば失敗が少ないといわれたとのことです。越川氏の主張の中で重要な二点を整理すると次のようになります。

①江戸しぐさは、異文化との共生のために考え出された哲学であるということ。すなわち、単にマナーやエチケットの「形」のレベルで留まるのではなく、人間の生き方そのものにつながる「心」が重要であるということ。

②江戸しぐさは、江戸庶民の中から自然に沸き上がってできたものではなく、商人のリーダーたち（現在でいう経団連メンバー）が互いに知恵を絞り、多様な人々が行き交う江戸の町を平和な市民社会とするために、生み出した心構えであること。

江戸しぐさは、代々口伝で受け継がれ、文献資料としてはまとまったものは残っていないとのことです。越川氏が江戸しぐさの伝承者である芝三光《みつあきら》氏［故人］を訪ねて話を聞き、一九九二年に最初の本をまとめられてから、徐々に世論の関心が高まってきております。

越川氏の文献によれば、当時においての江戸しぐさの広がりは、江戸寺子屋や江戸講の影響が大きいとのことです。講とは、定期的に開かれる相互扶助の会合を意味し、なかには商人のリーダーたちによる四書五経や陽明学などの勉強会もあったとのことです。江戸しぐさの中には、古典が織り込まれていることも少なくなく、彼らは、それを学び、咀嚼し、平易な言葉で表現して江戸しぐさとして自ら率先して実行していったとのことです。庶民大衆は、リーダー達の凛とした姿を見て憧憬し、真似ていったと想像されるとのことです。

“Give Way の心”の日本版ともいえる江戸しぐさの心は、交通社会ばかりでなく、日本の超高齢社会のさまざまな場面で生きる我々にとって大変重要な行動理念となるでしょう。江戸しぐさの心が、西欧文明が紹介される以前の日本固有の文化の中で育まれていたことを思い起こし、私たちの新しい社会観として、現代の日本社会に復活させたいものです。

(2) 江戸しぐさの形

江戸しぐさでは、立ち居振る舞いが「上品《じょうぼん》」、「中品《ちゅうぼん》」、「下品《げぼん》」の三種に分類されます。人間は生まれた時は下品であるが、江戸流の上品を身につけるには三代はかかるということです。例えば、うまいものを食べたいという心は下品、歌を歌いたいという心は中品、そして人に親切にしたいという心が上品という具合いです。相手に親切で、迷惑をかけず、身分・肩書にこだわらず、遊び心をもつことが江戸っ子の条件とされました(「産経新聞」一九九八年八月四日付)。

争いを避け、互助の精神で生きていくために江戸っ子たちが身につけた江戸しぐさの数は約一〇〇〇種類ぐらいあるといわれます。ここでは、交通社会と関連があると思われるしぐさを一〇種類ほど紹介いたします。

●傘かしげ

雨の日に狭い道ですれ違うとき、お互い、人のいない外側に傘を軽く傾け、相手の体に雨のしずくや雪がかからないようにしたいものです。これを傘かしげといいます。傘かしげは、お互いが相手を思いやり、ほぼ同時に行わなければ成り立たないしぐさです。すなわち、相手も自分も傘を少し傾け、共有の空間を一瞬つくり、サッとすれ違わなければなりません。これは、竹と紙でできていた当時の傘をやぶらないようにするための気遣いでもあります。また、傘を傾げることで、見知らぬ相手に対しても決して敵意はもち合わせていないことを示しています。代表的な江戸しぐさの一つであり、現代において復活を望みたいしぐさの一つです。

●肩引きしぐさ

狭い路地裏道などをすれ違うとき、相手と肩が触れないように、お互い、相手が来る側の肩を少し後ろに引き、胸と胸を合わせるように体全体を少し斜めにしてすれ違います。肩引きしぐさも傘かしげと同様に、お互いが相手を思いやり、ほぼ同時に行わなければ成り立たないしぐさです

●駕籠《かご》とめしぐさ

江戸で成功し、駕籠に乗れるような身分になっても、駕籠にふんぞり返って目的の店などに乗り付けることは、はしたないとされた戒めです。仮に目的地まで駕籠に乗ってきたとしても少し手前でそっと降り、豊かさをひけらすことなく、あたかも徒歩で来たかのように振舞うこ

とが思いやりの心であるということです。まさに現代にも通ずるしぐさであるといえます。宴会の後に、部下や取引先などを尻目にタクシーにふんぞり返って乗り込む会社幹部などを時々見かけますが、あまり気持ちのよいものではありません。また、皆に挨拶をした後、一本通りを外れた隅からそっとタクシーを捕まえて帰宅する慎ましい人もおります。まさに駕籠とめしぐさの現代版といえるでしょう。

●仁王立ちしぐさ・通せんぼしぐさ

いずれも「迷惑しぐさ」と呼ばれるものです。仁王立ちしぐさは、人の行く手をじゃましていても知らん顔で突っ立っているしぐさのことをいいます。通せんぼしぐさは、狭い道などで、まわりの人が通れなくなってしまうしぐさのことをいいます。いずれも妨害を意図した行動ではないにせよ、他人への配慮が欠けているために結果的に迷惑行動になっています。こうした迷惑しぐさは、現代の交通場面では、大きな渋滞を招くことにもなりかねず、自己中心的行動として厳に慎まなければなりません。

●七三歩き

江戸時代の道路は基本的に歩道でしたが、一般の人が歩く領域は道の左側の三割という暗黙のルールが決められておりました。残りの七割部分は、火事を消す人、大八車《だいはちぐるま》に荷物をのせて運ぶ人、手紙を届ける人など、急いでいる人のために開けておかれました。そのため、往来が激しくても、比較的スムーズに行き来ができたとされております。無秩序に横に広がって歩く人などはいなかったということです。

●横切りしぐさ

道路は、皆が共有している空間の一つであるため、突然、人の前を横切って皆を驚かせてしまう「横切りしぐさ」は、他人への配慮を欠く、迷惑しぐさとされました。そのため、人の前を横切るときには、手刀を振って歩くことが求められました。

●韋駄天《いだてん》走り

往来の多い江戸の道路では、七三歩きが原則化し、仁王立ちしぐさ、通せんぼしぐさ、横切りしぐさなどは、迷惑しぐさとされました。そして、理由もなく通りを勢いよく走る「韋駄天走り」も交通事故を防ぐため、迷惑しぐさの一つとされ、控えるように求められました。しかし、飛脚やけが人、急病人が出たときは例外とされ、お産婆さん（助産師）も大名行列を横切ることが許されたとのことです。

●自堕落しぐさ

人前で服装をととのえる行為は「自堕落しぐさ」といわれ、生き方のだらしない様子の一つとされました。江戸時代には袴《はかま》を直すときは人目に触れないように屏風の陰で行ったとのことです。しかし、現代では、都心の電車の中で化粧をする女性やおにぎりやサンドイッチを食べている学生やサラリーマンをほぼ毎日見かけます。最近ではこうしたしぐさをしている人たちの年齢が徐々に上がってきており、まさにモラル崩壊といえます。

●会釈のまなざし

江戸の人々は、通りで人とすれ違うとき、見知らぬ人同士でも互いに目が合えば、さりげなく会釈をしたとのことです。通行人が多かったため、立ち止まらず、まわりの人の通行のじゃまにならないように目つきで挨拶を交わしたと思われます。互いにさりげなく目で挨拶を交わし、相手に対して敵意がないこと、相手を敬う気持ちがあることを伝え合ったとされます。現代の東京ではまったく行われなくなってしまった会釈のまなざしですが、イギリスでは現在も行われております。イギリス人は、見知らぬ人に対しても目が合えばニコッとし〈with smile〉、出入口のドア開閉の際には、後に続く人のために必ずドアを押さえる行為をする〈give way〉ことは、前著（所、二〇〇七）でも紹介したとおりです。

●束の間つきあい

渡し舟などで乗り合わせた見知らぬ人とも、人見知りせず、江戸の人々は、束の間でも和やかに軽く挨拶を交わしたとのことです。ただし、会話は名前や職業を聞かないのがルールであり、差し障りのない天気の話などが中心であったようです。こうした積み重ねが、地域コミュニティー全体の人間関係を円滑にし、江戸の町の住みやすさをつくっていったとされています。これは現代にもつながっており、比較的年配者は、ちょっとした待ち時間において、こうした交流が得意であるようです。しかし、現代の若者たちは、こうした場面ではメールやゲームに興ずることが多く、見知らぬ人とコミュニケーションを取ることが苦手なようです。

3. 江戸しぐさの復活と二一世紀社会への期待

イギリス人に浸透している“Give Way の心”と江戸しぐさの心に共通するものは、「他人に対する配慮の気持ち」であることがわかります。注目すべき点は、江戸しぐさとは、西欧文明が本格的に日本国内に紹介される以前の一八世紀前後に、全国各地から商人が寄せ集まって形成された江戸商人社会を円滑に運営するために、商人のリーダー格の人たちが、知恵を絞りながら生み出したものであるということです。「異文化の共生のためには、他者への配慮が必要」という考え方は、地球の表と裏でも共通しており、現代に通ずる大事な理念であるといえるでしょう。そして、この考え方は、交通社会ではもちろんのこと、日本の超高齢社会においてとりわけ重要な理念になると思われます。

イギリスの交通社会では、現在もなお“Give Way の心”が浸透しておりますが、日本の交通社会では、江戸しぐさの心は残念ながら多くの部分が失われております。それと呼応するかのように一般社会においても、江戸しぐさの心は失われつつあります。イギリス社会には存続し、日本社会ではなぜ失われてしまったのかについて、前著（所、二〇〇七）では、宗教的背景の違い（キリスト教の博愛主義文化のイギリス VS. 東洋的な儒教文化の日本）と成熟化した国家に到達するまでのプロセス（近代化の歴史の長いイギリス VS. 短い日本）に原因を求めて分析を行いました。しかし、我々は今、原因の分析よりも、失われた“Give way の心”、すなわち、江戸時代中期に芽生えた「江戸しぐさの心」を現代の日本社会に復活させる方法を考えなければなりません。

現代の日本社会は、先行き不透明な社会全体を覆う閉塞感によって、多くの人々が自信を失っているように見受けられます。そんな中で自分探しを行う時、古き良きものを訪ねて、それを未来へつなげていくことは、一つの重要な方法であると思われます。伝統文化を道徳、芸術などの型に押し込めず、本質を生かしつつ改良を加えながら現代生活に取り入れていくことは大変重要なことです。

日本の伝統文化の中には、現代のシステムが見落としている、あるいは失ってしまっている新しいシステムの可能性が潜んでおります。政治・経済・環境保全など、江戸文化に学ぶ本が次々に出版され、武士道精神の復活を説く『国家の品格』（藤原、二〇〇五）がベストセラーになったことからも、それがうかがえます。

「江戸しぐさの心」を現代の日本社会に復活させるためには、地道な教育を行うことがまず基本であると思われます。江戸しぐさは、子どもたちからビジネスの最前線に立つ人々にまでに通用するものであるため、さまざまな教育研修の場面で取り入れられております。

東京・中野の中学校では一年生のライフデザインの授業に取り入れられております。教室の中に机と椅子で作った幅一メートルほどの「路地」を、傘をさした二人の生徒がお互いに逆方向から歩いてきます。すれ違おうとした瞬間、傘と傘がぶつかり合って立ち往生してしまい、強引に通ろうとすると、傘が相手の体に触れてしまいました。「これでは相手に雨のしずくがかかってしまうね。悪い例ね」と担当教員は生徒に説明します。次に続く生徒は、すれ違う際にそれぞれの傘を外側に傾けたため、今度はうまくすれ違えました。「これが『傘かしげ』、これなら相手にしずくがかからないね」と担当教員は説明し、生徒たちも納得した様子でした。

同中学校では、「こぶし腰浮かせ」や「肩引き」なども実演を交えて教えているとのことです。生徒たちの評判も上々であり、「江戸の人たちはこんな風に相手を思いやって過ごしていたことがわかり、感動した」、「肩引きや傘かしげをすると、自分も気持ちがいい」といった声が聴かれるとのことでした。

東京都内ばかりでなく、他県でも小中学校の総合学習に取り入れる動きが出てきており、「人の思いやりに気付くことができるようになり、さらに自分で実践できるようになった」という子どもたちからの感想が寄せられる(「日経新聞」二〇〇九年七月二日付)とのことです。今後の広がりに期待したいものです。

江戸しぐさを現代社会に復活させ、さらに浸透させていくためには、教育が重要であることはいうまでもありませんが、それだけでは限界があります。教育を効果的に生かすためには、周辺のシステムをきちんと整備しなければなりません。精神論的に道徳教育論を振りかざすだけでは十分な成果が望めないことは明らかです。私は次の三点が重要であると考えております。

(1) 厳格な取締りの徹底

「自動車は便利な乗り物ではあるが、そのためには、交通社会人としてのルールをきちんと守らなければならない。守らなかった場合には、厳しいペナルティーが科される。これがヨーロッパ交通社会で共通していえることだ。パーキングエリアでは、一時間程度で済みそうな用事でも、念のため必ず二時間分の駐車料金を入れるようにしている」という欧州滞在歴の長い日本企業社員の話を第2章で紹介しましたが、取締りには厳格性がなければ、効果の持続性と交通行政当局への信頼感は得られません。

かつての江戸の町や二〇世紀の地方社会では、性善説的な信頼感によって人々の生活が成り立っていたといえますが、二一世紀の日本社会は、現代のロンドンのように異文化が同居するグローバル化した国際社会になることが確実です。

そうなると、ロンドン市街地の交通警察による厳格な取締りが模範となります。システムをつくった以上、きちんと機能させなければ意味を成さず、徹底したEnforcementを実行しているロンドン警察当局の強い姿勢をわが国当局も見習う必要があり、これによって、江戸しぐさの教育も生きてくるものと思われます。

(2) リスクマネジメント

交通安全のみならず、人の生命・安全を預かる立場にある人は、「想定外という言葉は絶対に使ってはならない」ということをここで改めて強調したいと思います。交通規則を守らない人によってもたらされる危険を阻止するために、イギリス交通社会ではさまざまなリスクマネジメントが施されていることを第1章において紹介しました。人に注意を促すだけの啓蒙・教育による交通事故対策の限界を認めざるを得ず、交通環境要因を重視したリスクマネジメントがきちんと実行されることにより、江戸しぐさの教育も生きてくるものと思われます。リスクマネジメントの考え方は、とりわけ高齢者や子どもの安全確保において大変重要になります。

(3) 全員の当事者意識

超高齢社会となった現在、自立した大人である健康な日本国民は、日本社会が自分に対して何をしてくれるかではなくて、自分が日本社会に対して何ができるかを考えるべきでしょう。これまでは低いとされていた日本人のボランティア意識ですが、最近は変化の兆しがみられ、大いに期待がもてます。未曽有の大震災が、日本人を目覚めさせてくれたのでしょうか。

交通社会に関していえば、ほとんどの日本人が何らかの形で交通社会と関わりをもっております。運転免許を保有し、日頃車やバイクを運転していれば、いうまでもなく交通関係者ですが、そうでなくとも電車やバスなどの公共交通機関を利用したり、道路や歩道橋を通って街へ出て買い物をするなど、公共の空間に身をおきながら市民生活を営んでいるだけでも、立派な交通関係者といえるでしょう。

第4章では、地域社会の高齢者の方々が学童の登下校の歩行誘導をするために立ち上がった事例をいくつか紹介しました。皆々が地域社会の一員として、自分に何かできることはないかという高い志をもって行動されているわけです。こうした高い志と江戸しぐさが結びつくことにより、二一世紀の日本社会は、大いに期待がもてるわけです。

第6章　超高齢化が進む交通社会の近未来像

この章は、全体をまとめる意味で、著者と学文社の編集者との討議を通じて、本書で訴えたかった点を浮き彫りにしていきたいと思います。

1　全体を書き綴ったあとで、改めて本書の問題意識を整理すると、どういうことになりますか？

二〇世紀は先進諸国を車社会へと大きく変貌させました。とりわけ二〇世紀の超大国・アメリカは、自動車産業によって築かれたといっても過言ではありません。しかし、アメリカの自動車産業は、今大きな転換点に差し掛かっております。二〇〇九年には約八〇年間にわたって世界の自動車産業界に君臨したゼネラル・モーターズ（GM）が経営破綻しました。そして、同じ年に自動車の生産台数、販売台数ともに中国がアメリカ、日本を抜いて世界一に躍進しました。立て続けに起こった大きな変化から、「二一世紀はアメリカの時代ではなくなり、自動車の時代は終わってしまうのではないか」とさえいわれております。

■主役となった自動車大国チャイナ

一方、主役がアメリカから中国へと変わっても、人間生活における自動車の重要性は依然として変わらないという考え方があります。一九六〇〜七〇年代の日本人がそうであったように、豊かになって自動車を手に入れたいと願っている人々は、発展途上国には大勢いるからです。しかし、将来中国がアメリカ並みの車社会となれば、温暖化ガスによって地球環境は間違いなく破壊してしまいます。そのため、環境問題の観点から二一世紀の自動車産業のあり方が検討されなければなりません。これは緊急性を帯びています。この問題意識が多くの類書でアプローチされている「市場・環境論的な構造転換」です。まさに本書の冒頭で示唆した視点であり、交通研究の分野では、二一世紀型への構造転換として大変重視されています。

■日本がめざすべきはヨーロッパ型交通社会

しかし、これだけでは必ずしも十分ではないというのが、本書を執筆した問題意識でした。日本は世界でも類を見ない超高齢社会に直面しております。また、ヨーロッパ諸国も日本と並んですでに世界有数の高齢社会の先進国となっております。「交通は社会の縮図」であるために、生活の舞台となる社会が高齢化すれば、交通現場においても、その影響は随所に現れます。「交通の窓」から、二一世紀の超高齢社会・日本を展望し、問題点を探っていくことが本書の大きな問題意識となりました。

超高齢社会を生き抜くためには、従来型のシステムが機能しなくなったり、あるいは抜本的な発想の転換を余儀なくされることが当然あり得ます。そのため、現時点の日本人の常識ではなかなか受け入れられない新しい考え方やシステムを、いずれは受け入れざるを得ない時が来るように思えます。交通社会と社会全体が表裏一体であると考えれば、交通社会の変革が社会全体の変革につながるというのが、私の基本的な考え方です。すなわち、「交通が変われば社会が変わる」ということです。

私は、二〇〇三年から〇四年にかけてイギリスで一年間の在外研究を行いました。そして、その後も短期間の調査研究をヨーロッパで継続的に行い、資料収集を続けております。ヨーロッパの交通社会には、日本の交通社会では見られないシステムがいろいろと存在します。こうしたシステムがヨーロッパ社会に定着している背景を探っていくと、最終的には文化論的な視点にたどり着くことができます。

自動車交通と環境問題、交通事故対策、そして超高齢社会との関係で二一世紀の日本が目ざすべき方向を考えると、行き着く先はいずれもヨーロッパ型の社会であり、アメリカ型ではないように思われます。そのなかで、日本的な特色をいかに打ち出していくべきかについて検討していくことが本書の最大の問題意識でした。

Q2

高度経済成長期の終わり頃、交通戦争とまでいわれたわが国の交通事故死者数については、関係各機関の努力により、近年大幅に減少いたしました。まだまだ課題は残っておりますが、今後自動車の激増が見込まれる発展途上国の国々に対しては、どのようなアドバイスをなされますか。

日本の自動車交通における事故対策を発展途上国の国々へ伝えていくことは、重要な役割に他なりません。そして、そのことが将来的に発展途上国のよりよい交通環境の構築につながるのであれば大きな国際貢献になるといえるでしょう。しかし、各国にはいろいろと個別的な事情があり、日本のアドバイスをすんなりとは受け入れられない難しさがあるようです。すなわち、各国の交通専門家は自国の問題点を認識しながらも、手を下せない状況にむしろ歯がゆさを感じているのではないかと思われます。二〇世紀後半の日本の交通事故史を振り返りながら、この問題の難しさを考えたいと思います。

■お国事情はさまざま、交通対策に万能薬はない

わが国は一九六〇年代に驚異的な経済成長を遂げ、自動車産業がその中核的な役割を果たしました。そして、国民一人当たりの車両保有台数も欧米先進国へと一気に近づいていきました。しかし、その代償はあまりにも大きく、一九七〇年にはわが国交通史上最悪の交通事故死者数を記録しました。負傷者数も一〇〇万人近くに達し、実に当時の国民一〇〇人に一人が交通事故で負傷するというまさに戦争状態を招いたわけです。交通事故は経済成長がもたらした代表的な負の産物の一つですが、日本人の知恵により少しずつ克服していき、現在ではほぼ六〇年前の交通事故死者数の水準近くまで減少させております。多くの交通関係者によって続けられている努力は賞賛に値するといってよいと思います。

さて、現在の中国における自動車保有台数の増加率は目覚ましく、一九六〇年代の日本の状況に似ているといわれます。このまま放置されれば、今後日本と同じ道をたどらないとも限りません。そのため、一九六〇年代から一九七〇年代にかけて、日本の交通社会で何が起こったのか、そして、その原因は何であり、日本では後追い的にどのような対策がとられたのかについて、日

中両国の交通専門家はきちんと情報交換を行い、それを踏まえた対策協議を行う必要があるといえます。

しかし、中国は経済発展が国家の大きな目標になっており、交通部門はその屋台骨を担っております。それ故、環境問題への関心は低く、さらには生命に直接的に関わる安全問題までが軽視されているように見受けられます。したがって、コストのかかる交通事故対策が提案されても、簡単に受け入れるとは思えません。

二〇一一年七月に浙江省温州市付近で起きた高速鉄道事故は、それを象徴しております。この事故では、高架橋から車両が落下する大惨事となり二〇〇人以上の死傷者が出ました。中国鉄道省では、高速鉄道網が今後の経済成長に欠かせないものと位置づけ急ピッチで建設を進め、わずか数年間で日本の新幹線の総延長の四倍まで延ばしました。高速鉄道は車両だけではなく制御装置を含むシステム全体が高度な技術であるため、建設を急ぐと欧米先進諸国の先端技術を寄せ集めた「木に竹を接ぐ」やり方にならざるを得ず、それ故にこのような事故につながったとされております。鉄道事故の専門家によれば、「日本の新幹線や欧米の高速鉄道では追突事故は、まずあり得ない。安全態勢がかなり深刻な状態にある」とのことです。

さらに、中国では計画が決定すると、早ければ一か月後には完成する場合もあるとのことです。「例えば東京の環状八号線に相当する北京の道路は、計画を策定してから一か月後には完成しています。日本では三〇年以上かかってもまだ全線開通しておりません。中国では、計画を策定して翌日から軍隊が家を撤去して工兵隊が入って道路を建設する」(月尾、二〇〇六)といった日本では考えられないようなことが起こるそうです。したがって、日本の車社会の足跡を教訓として受け入れ、中国の今後の交通政策に活かしていく可能性は低いと日本の交通専門家は見ております。要するに、現状では中国の実情に即した方法で対応せざるを得ないということのようです。

こうしたことは、超大国・アメリカについてもいえます。ドイツ・フライブルグにおいて積極的に導入されているカー・シェアリングですが、これは交通事故削減のための施策としてのみならず、環境問題への貢献施策としても各国の交通関係者から大変注目を集めております。しかし、これをアメリカ・ロサンゼルスで導入できるかというと、答えはNOです。ロサンゼルスの治安状態を考えれば、当地の市民社会からカー・シェアリングという発想が出てくることはないように思われます。カー・シェアリングはフライブルグだからこそ実現できる交通施策なのです。

したがって、交通事故削減のための施策には、一定のセオリーはあるにせよ、現在の各国の政治経済的事情や歴史的文化的特性などが深く関わるため、必ずしも一律ではないように思います。ここに交通事故対策の難しさがあるように思います。

3Q

それでは質問を変えまして、大きな代償を払った上で日本人の知恵によって獲得した交通事故対策について、今後の課題を含めてご説明いただけますか。

自動車保有台数や交通事故発生件数が増え続けても死者数が減少しているのが先進諸国の最近の共通した傾向です。交通事故の発生は防げなくとも、最低限において事故当事者の生命だけは救うことができるようになっております。こうした交通事故対策に賛同しない人はいないはずです。なぜならば、人間の生命よりも大事なものは存在しないからです。

■交通安全のキーワードは Give Way

そして、こうした交通事故対策には、一定のセオリーがあります。改めて整理すると次の四点が基本になるように思われます。

1. 交通事故対策の基本原則「4E」をバランスよく実践することが重要です。従来のわが国の場合、啓蒙・教育が重視され、人に対する安全行動要求に比重がおかれ気味でした。しかし、人の注意力には限界があるため、欧州においては、リスクマネジメントの考え方が前面に出され、交通環境（道路環境設備、安全車両の技術開発）の整備により力が注がれております。日本においてもこの考え方が受け入れられはじめたことにより、死者数の減少につながりました。また、飲酒運転に対する厳罰化の社会的機運が高まったこともプラス効果となっております。これは大変重要な最近の日本の特色といえます。

2. 交通社会は「自動車―歩行者―自転車」の三者が対等であり、そうした交通システムを構築していかなければなりません。欧州交通社会では、これが実現しておりますが、わが国交通社会には、依然として自動車を優先する傾向が根強く残っております。これは経済効率優先の名残であり後進性の表れといえます。今後の改善課題であるといえます。

3. 公共交通機関を活かした交通システムを特に都市部において工夫していく必要があります。単なる奨励に留まることなく、料金体系、取締り、運行時間等において、マイカーよりも公共交通機関を利用するメリットを示していかなければなりません。自動車交通のみを無秩序に広げることは厳に慎まなければなりません。ちなみに日本では、地下鉄網が整備された大都市においては、こうした交通システムが展開されております。しかし、多くの地方都市では公共交通機関が活かされず、自動車への依存度が高く、今後高齢者が激増する時代において大きな課題となっております。

4. 「交通は社会の縮図」であるため、交通法規によって制御されております。しかし、交通法規とは大枠を規定しているにすぎず、日常の交通行動が円滑に行われるためには、細かな交通法規よりも「他者への配慮の気持ち（Give Way の心）」があるかどうかのほうが重要になります。“Give Way の心”を醸成していくことが交通安全教育において最も重要なことであるといえます。

こうしたフィロソフィーをもって交通安全への取り組みがなされることにより、交通事故死者は確実に減少していくと思われます。今後交通インフラ整備をしていこうとしている発展途上の国々にとっても、それぞれの国々の方針や考え方があるにせよ、人間の生命を交通事故から守り、地球環境に配慮した交通システムとしても機能するように思われます。

Q4 **日本とヨーロッパ、ともに超高齢時代を迎えつつありますが、高齢者の生活と自動車の利用の仕方は少し異なるようです。文化や生活習慣などが異なるため、大変奥が深い問題になっております。わが国では、今後ますます深刻な問題になることが避けられません。この問題の背景と取り組みの方向性についてご説明ください。**

わが国の交通事故死者数は年々減少していますが、交通事故死者数全体に占める高齢者の割合は、逆に年々増加しております。二〇〇九年以降は、全体に占める六五歳以上高齢者の割合は遂に五〇％を超えてしまいました。いうまでもなく、これは欧米主要国に比べて際だって高い値であり、わが国が世界でも類を見ない超高齢時代を迎えているとはいえ、これは明らかに異常事態です。

■高齢者に優しい交通社会の再構築

高齢者の死亡事故のおよそ半分は歩行中なのですが、自動車事故の加害者となるケースが少しずつ増えており大変気になります。最近では、高速道路を逆走する認知症ドライバーの事故なども起こりはじめているため、この問題に対する世論の関心は高く、新聞・テレビ等で取り上げられる機会も増えています。そのため交通警察行政では、先進国で唯一、七〇歳以上に対して免許更新時に一律に高齢者講習を導入し、さらに七五歳以上には認知症の簡易検査を行うなど、高齢者の方々に運転能力の低下を自覚してもらおうと努めております。世論を含めて、総じて高齢ドライバーを取りまく人たちの多くは、「危ないから運転は止めてほしい」という意見のようです。しかし、高齢ドライバー自身は、運転を止めてしまえば、移動手段を奪われることになり、病院へも買い物へも行けなくなるため、強く反発しております。この背景には、わが国の大部分の地域が、公共交通機関の発達が不十分であり、マイカーに依存した移動を強いられていることが関係しております。加えて、車の免許をもつことが高齢者にとって自立の象徴になっていることも関わっております。

こうした問題を抱えながら、地域行政当局は、高齢者が運転を断念した後の生活面でのケアに関して必ずしも十分な対応をしておりません。それ故に打開策となると大変難しくなるわけです。一方、わが国同様にすでに高齢社会に突入し、そして、わが国よりも一足早く車社会を展開してきた欧州先進諸国では、この問題にどのように対処しているのでしょうか。結論としては、日本のようには大きな問題にはなっていないということです。

欧州社会では、高齢者は自分自身が危険と感じたら自主的に運転免許を手放す人が多いようです。これには個人差があり、八〇歳を超えても運転を続けている人もあれば、また六〇歳代でも運転を断念する人もいるわけです。そのため、年齢による一律の免許制限や講習会実施などは基本的に受け入れられないといった風土が欧州社会には醸成されているように思われます。

交通社会を制御しているルールは、市民全員が絶対に守らなくてはならず、また守らない人に対しては厳罰をもって処す態勢が、欧州社会では交通行政当局によってきちんと構築されております。本書の中でもいくつか紹介しましたが、例えばイギリスでは、市内のあちこちに監視カメラが設置され、駐車違反やスピード違反を厳格に監視しております。罰金の納付が遅れれば、延滞金がどんどん加算されるなど、ルールを守らない人に対しては、日本では考えられないような厳しい姿勢で臨まれています。そのため、交通社会に参加する最低ラインであるルールを守れそうもなくなったと自分自身で感じたときには、静かに身を引いているのではないでしょうか。社会全体も高齢ドライバーに対して、日本のように一定年齢以上の人に対して一律に講習を課すというのではなく、原則的に自己責任を求めるというスタンスのように思われます。

さらに、欧州の地方都市の場合、一定の公共交通機関が整備されているため、運転を断念しても、高齢者にとってその後の生活にあまり不便が生じないようです。この点は、日本の地方都市との大きな違いであるように思われます。

欧州では二〇世紀後半に車社会が本格化しても、地方都市の道路から路面電車が駆逐されることはありませんでした。その理由は、公共交通機関とマイカーとの役割分担がきちんとルール化されたからです。一方の日本は、一九七〇年代になると、経済性の原理だけで自動車が地方都市の道路へ侵入していったため、経済効率に勝る自動車のみが生き残り、路面電車や自転車が駆逐されてしまいました。そのため、量販店、病院、公共施設は、広い駐車場を確保するために郊外への移転を余儀なくされました。これによって、地方都市の中心部は空洞化してしまいました。

そして、マイカーをもたなければ買い物にも病院へも行けなくなるため、日本の高齢者は、少々の健康上の問題が生じても運転免許をもつことに執着せざるを得ないのです。

■超高齢時代こそ交通心理士の活躍の場

こうした現状を受けて日本の地方都市での打開策ですが、運転を断念した高齢者のためのデマンド交通システムを地域エリア内で展開していくことが、最も重要であると私は考えております。すでに多くの自治体がいろいろと工夫を凝らして導入をはじめており、本書の中でも典型事例を紹介しましたが、更なる検討と実践展開をお願いしたいと思います。わが国の少子高齢化は歯止めがかからない状況であり、今後、地方社会での一人暮らしの高齢者はますます増え続けるでしょう。そうした人たちの通院や買い物の手段を確保することは喫緊の課題です。一人暮らしの高齢者が自立した生活を送ることは重要ですが、危険を冒してまで運転を強行することは避けなければなりません。そのためには、運転を断念しても安心して生活できるシステムを確立しなければならないのです。わが国の地方都市に、これから公共交通機関を復活させることは極めて困難であるため、現実的な選択としてはデマンド交通システムの構築がベストであると思われます。

システムの円滑な運用に当たって、交通心理士への期待を私は本書の中で力説いたしました。この任務に当たる専門家として、交通と臨床心理、あるいは福祉に関する知識や実務経験を有する交通心理士が最適任者であると私は考えておりますが、それがままならない場合には、国内には福祉系の専門資格が他にもいろいろとあるため、早急に別な対応方法を検討する必要があるでしょう。一人暮らしの高齢者が地方社会に激増する時代が目前に迫っており、手をこまねいてはいられない状況です。高齢者が運転を断念しても生活に不便が生じないようなシステムを確立できるように、関係行政機関や交通関係者は知恵を絞っていく必要があります。

5

交通心理士の役割について、本書では大胆な提案をされておりますが、その背景にある考え方を改めて示していただけますか。

大学の授業で学ぶいわゆる「科学的な心理学」とは、実験・調査・観察・面接といった実証的手法を用いて、さらに統計学を援用しながら、人間行動を理解し、予測すること（行動メカニズムの究明）が中心になります。こうしたアプローチは、科学研究としては大事ですが、研究教育の成果が必ずしも我々の日常生活の改善に直接的に結びつくわけではないという主張も長らく行われていました。また、高校生時代に心理学を学ぶことに期待を抱いて大学へ入学しても、入学後に前記のような基礎心理学の授業を受講することにより、大きなギャップを感じてしまう学生が多いことも併せて指摘されていました。

■社会貢献のできる交通心理士の育成が急務

物質的に豊かになった日本社会では、価値観が多様化し、心の問題を抱える人が増えております。特に一九八〇年代後半から、その傾向が高まったとされます。そのため、こうした社会変化を受けて、心理学に対する世の中からのニーズが高まり、心理専門職によるサポートが必要とされることも多くなりました。そして、一九八八年には、わが国で最も権威ある心理専門職として広く知られる「臨床心理士」が誕生するに至りました。

その後の心理学研究の方向としては、行動メカニズムの究明を行う基礎研究ばかりでなく、生活者のＱＯＬ（Quality of Life）を高め、日々の生活の中で生ずる問題解決に取り組む研究の重要性が、多くの研究者によって認識されるようになったといえるでしょう。

心理学系の各学会は、日本心理臨床学会の臨床心理士に続いて、次々に学会単位で資格認定を始めました。そして、心理学を学ぼうとする若い人たちも増えたため、各大学の心理学系の学科は、入学定員増に踏み切ったり、学科を学部へ格上げしたりと、大学冬の時代といわれる中で、他学部の苦戦を横目に一定の実績を上げております。

こうしたなかで、日本交通心理学会も二〇〇二年に「交通心理士」資格を創設しました。これは、交通安全の社会貢献活動に取り組む交通専門家の活動をバックアップするための資格とされています。交通心理士の活動を支援していくためには、交通参加者のQOLを高め、交通現場で生ずる問題解決に取り組む研究活動もより強化していく必要があります。以下の内容は、第2章で述べたことと一部重複しますが、改めて強調させていただきます。

交通心理士に対して活躍が期待される分野は、交通に関する専門知識と心理臨床に関する基礎知識の両方が求められる特殊な分野であるため、心理臨床に関する高度な専門知識を持った臨床心理士をはじめとした心理専門職であっても、現状ではなかなか入り込めません。それ故に、交通心理士に対する社会的なニーズは極めて高く、本来であれば交通心理士が存分に力を発揮していかなければなりません。しかし、資格創設後の実績を見る限り、誠に残念ながら、交通心理士が十分な社会貢献をしてきたとはいえません。その理由は、資格取得者数がわずかに三〇〇人台とあまりにも少なすぎるからです。社会に対して一定の貢献をしていくためには、まずは資格取得者数をある程度増やすことが重要であると思われます。そこで私は、新たな「交通心理士」の候補者として、本書の中で具体的に以下の二分野の方々を提案させて頂いたわけです。
① 高齢ドライバー講習（いわゆる高齢者講習）おける講習担当者

② 学童通学路における高齢者ボランティア

いずれも高齢者が深く関わっております。高齢者の交通問題に対して、交通心理士がより積極的に関与していくべきであると思うわけです。最近の交通死亡事故の特徴は、第1章で紹介したとおり高齢者に関わるものが過半数であり、認知症ドライバーも全国ですでに三〇万人以上いるといわれ、今後さらに増えることが避けられそうにありません。まさに日本社会全体が「交通心理士」を必要としているように思えます。

Q6 “Give Way”と「江戸しぐさ」の理念は、単に交通安全への寄与のみならず、現代社会に生きる人間に対して、大変重要な示唆を与えているように思えます。この点について、補足していただけますか。

“Give Way”は、もともとイギリスの交差点での一時停止の標識です。交通行動としては、日英とも一旦止まるという点では同じであるため、日本人の感覚からすれば、ストレートに「とまれ（Stop）」と表示したほうがわかりやすいと思いますが、イギリスでは敢えてそうせず、「相手に道を譲るためにあなたが止まれ（Give Way）」と表示します。

“Give Way”の標識は、「安全運転に最も必要なことは他人への配慮である」を示唆する大変含蓄のある標識であると私は感じております。イギリス人には、交通行動から派生したさまざまな社会行動にも“Give Way”がみられることを本文中で紹介しました。

■とり戻そう世界に誇れる「江戸しぐさ」

一方の「江戸しぐさ」ですが、これは、西欧文明が本格的に日本に紹介される以前の一八世紀前後に、江戸商人社会を円滑に運営するために、商人のリーダー格の人たちが、知恵を絞って生み出したものです。代表的な江戸しぐさとして、「傘かしげ」や「こぶし腰浮かせ」などがあります。多種多様な人たちが集まる江戸の町で共生していくには、他人に対する配慮の気持ちが必要であることが読み取れます。

“Give Way の心”と「江戸しぐさの心」に共通する「他人への配慮」は、現代に通ずる大事な理念であり、対人場面でのやりとりが基本である交通社会ではもちろんのこと、日本の超高齢社会において、とりわけ重要な理念になると思われます。なぜならば、超高齢社会を生きる価値観としては、競争による個人主義よりも、共存主義のほうが好ましいからです。

身分制度が存在した江戸時代に、こうした優れた理念が存在したことは意外に知られておりません。また、現代の東京では、江戸しぐさの心も形も失われてしまっているため、最近教育現場で復活の動きが出てきているわけです。

一九一一年生まれの医師・日野原重明先生は、「自分以外の人のことを配慮して生きてきた、その人の『時』こそが、その人の寿命の長さではなく深さである」ということを、若く散ったが、よく生きた友から学ぶと。そして、自分中心に生きてきた時間に、こうした『時』を加える努力をすることが、生きがいをもつことにつながるとし、高齢者に対して、これからでもよいから取り組むことを奨めているとのことです（所、二〇〇二）。

日野原先生の示唆を受けて、最近ではボランティア活動に立ち上がる高齢者が増えております。交通場面では学童通学路における歩行誘導を積極的に申し出る高齢者が増えています。こうした方々とともに、われわれ交通関係者もできることを最大限にやっていく必要があります。

ちなみに、イギリスのナショナル・トラスト活動は、自然環境や貴重な歴史的建造物を後世に残していこうとする市民運動として、一九世紀末、わずか三人のイギリス人によって始められました。一〇〇年以上経った現在では、約三四〇万人の会員と年間四万三〇〇〇人のボランティアが活動を支える組織に拡大しております（日本ナショナル・トラスト協会のホームページ）。

日本にも身近なところから社会貢献をしていこうとする人々が少しずつ現れてきていることは変化の兆しといえます。そして、二一世紀半ばごろには、江戸しぐさが復活した、現代とは異なる「新たな超高齢社会・日本」が築かれていることを期待したいものです。

7

二一世紀の我々のライフスタイルはどのように変化していくのでしょうか。二〇世紀前半までは自動車などなくても人間は十分に生きることができたわけですが、二〇世紀後半には自動車がなくては生きられないようになってしまいました。しかし、二一世紀にはその自動車によって人類は自滅することすらあり得そうです。今後、人間は自動車とどのように関わりながら生きていくことになるのでしょうか。

二〇五〇年頃の日本の光景を想像しながら、自動車と人との関わりを考えてみたいと思います。

二一世紀半ばの日本は、総人口九〇〇〇万人ぐらいで、六五歳以上人口比率は四〇％という想像を絶するような超高齢社会になっているようです。交通の観点から社会を考える以前に、そもそもこうした年齢構成の社会が成り立つのかどうかが大変不安になります。六五歳以上人口比率は二〇一〇年時点で二三％ですので、二〇二〇年代後半には三〇％の大台を超える可能性が高く、二〇四〇年には三五％に達すると推計されております。そして、人口もこの頃には一億人を切るという見方が支配的です。こうして二一世紀半ばの日本の姿は、現在からもある程度透けて見ることができるのです。

■交通社会も国際化の時代がやってくる

総人口が現在に比べて四〇〇〇万人近く減少し、その上高齢者比率が大きく上昇するため、経済の活力を維持するために、アジアの近隣諸国から外国人労働者をかなり受け入れることになるように思います。もちろん日本語能力や職業能力が大前提となりますが、アジアの若者たちにとっても日本は依然として魅力ある国であると思われるため、日本で職を得ようとする海外からの若者たちで活気に満ちていることでしょう。

高齢者に不向きとされる交通運輸部門の職種の多くは外国人労働者に委ねられることになり、とりわけバスやタクシー、宅配便ドライバーなどは、基本的に若い外国人ドライバー主体の職業組織になるように思われます。ちなみに、私がかつて在外研究を行ったイギリス・シェフィールド市では、タクシードライバーはインド系イギリス人によって占められておりました。二一世紀半ばになれば、日本もヨーロッパのように多様性のある市民社会に変貌するように思われます。

■高齢社会の交通のあり方こそ、豊かな日本の試金石

新しい市民社会が構築されれば、日本の高齢者は自ら危険を冒して運転をすることもなく、ある程度のところで運転を断念することに抵抗を感じなくなるでしょう。そして、高齢者の人口比率が非常に高いため、当然ながら社会保障制度を充実させなければなりません。日本の社会保障制度を支えるために日本に居住して税金を支払っている外国人労働者の日本国籍化の問題なども出てまいります。まさに現在のヨーロッパ諸国と同じ問題に直面することになります。

日本社会のめざすべき方向が、アメリカ型社会ではなくヨーロッパ型社会であることは本書の一貫した問題意識です。そして、国土の広さや自動車交通の観点からすれば、それが妥当である

といえます。すなわち、都市部は基本的に公共交通機関を利用した移動を原則化し、自動車での移動は物流業者や緊急車両など大幅に制限すべきであると思います。そのための方法としては、本書の中で紹介したロンドンのコンジェスチョンチャージやフライブルグのさまざまな交通システムなどが参考になると思われます。一方のルーラルな地域ですが、自動車交通は依然として不可欠になります。しかし、これまでのように無秩序に車を利用するのではなく、カー・シェアリング・システムへの理解や電気自動車の技術開発などが一段と進むのではないかと期待されます。

また、高齢者の移動に関しては、六五歳以上人口が総人口の四〇％を占めるようになるため、国家政策として大きな予算を投入した交通手段が新設されることになるでしょう。それがどういうものであるかですが、現在少しずつ導入が進んでいるデマンド交通システムとは異なるものであるように思います。その理由ですが、四〇年後の高齢者のライフスタイルが大きく変化する可能性があるからです。一人暮らしの高齢者が増えることは確実であるため、彼らは公共交通機関が利用できる都市部へ移動するのではないかと私は予想しております。それによって、現在大きな課題となっている地方社会で暮らす高齢ドライバーの問題、すなわち、運転免許を断念すると病院にも買い物にも行けないといった難問は自然に解決するように思われます。そして、都市部に高齢者が集まることにより、高齢者同士の交流が活発化し、再婚なども今より多くなると予想されます。これによって、「弧族化」といわれる問題も徐々に解決の方向へ向かえば好ましいといえるでしょう。

「交通は社会の縮図」ですので、二一世紀半ばの社会が大きく変貌することにより、必然的に交通も変貌することになるわけです。

本書に関連する著者の研究・社会活動（二〇〇〇年以降）

【著書】〈単著〉

『高齢ドライバー・激増時代―交通社会から日本を変えていこう』（学文社）二〇〇七年六月五日初版発行、総頁数一七〇ページ.

【論文】〈すべて単著〉

1. Japanese Traffic Society which is Promoting to Coexist with Senior Citizens, International Conference on Traffic and Transport Psychology (Berne, Switzerland), CD-ROM containing the full papers presented at the ICTTP 2000,12, March, 2001.
2. わが国における高齢者の交通事故の増大とその対策に関する一考察、政経論叢、一一六、一—二四ページ、二〇〇一年三月二五日.
3. An Overconfidence Approach on Driving Attitude of Older Drivers: We Propose to Include Estimations of Personal Traits about Safe Driving in the Legal Driving Aptitude Tests for the Elderly People, *Japanese Journal of Traffic Psychology*, Vol.17, No.1, p.58-p.62, 31, December, 2001.
4. Driving behaviours of elderly drivers in the daily lives, the web-publication the International Association of Applied Psychology website. November, 2004. http://www.psychology.nottingham.ac.uk/IAAPdiv13/
5. Elderly People in Japanese Traffic Society, *Keieikeiri*, No.33-34,p.163-p.170, 31, March, 2004.
6. 交通社会における高齢ドライバー　交通心理学研究、二〇（一）、三七—四五ページ、二〇〇五年三月三一日.
7. The Low-Risk Taking Attitude of Professional Old Drivers: We propose to introduce a Discriminative

Reaction Test for Multiple Performance instead of the test in the present mandatory course for the elderly, *Japanese Journal of Applied Psychology*, Vol.30, No.2, p.87-p.92, 31, March, 2005.

8. 高齢ドライバーの運転免許更新をめぐる問題　老年社会科学、三〇（一）、九八―一〇五ページ、二〇〇八年四月二〇日.

9. The possibilities of the help to the elderly who are forced to abandon driving licenses, *Japanese Journal of Applied Psychology,* Vol.34, No.2, p.166-p.170, 31, March, 2009.

10. 高齢者の運転適性とニュー・モビリティーシステム導入の必要性　運輸と経済、六九（九）、二五―三二ページ、二〇〇九年九月一日.

11. 交通心理士への期待～認知症ドライバーへの貢献役割　交通心理士会誌、二、二八―三三ページ、二〇一〇年三月三一日.

12. 超高齢社会における新交通システム―欧州諸国での調査事例をもとに　公営企業、四二（一一）、二―一三ページ、二〇一一年二月二〇日.

13. An Issue on Automotive Society in Europe: From the viewpoint of environment and aged problem, *The Politics and Economics Review,* No.155, p.71-p.85,25, March, 2011.

14. 高齢者講習における運転適性診断の改善課題と交通心理士への期待　交通科学、四一（二）、四七―五二ページ、二〇一一年四月一八日.

【学会発表】〈すべて単独〉

1. A study on driving aptitude tests for the elderly in Japan, International Conference on Traffic and Transport Psychology in 2000 (Berne,Switzerland), Book of Abstract, p.107 (Poster sessions), 5,September,2000.
2. A study on overconfidence of old drivers: we propose to include estimations of personality traits in the legal traffic safety courses for the elderly, Annual Autumn Congress (2001) of Japanese Association of Traffic Psychology(Sendai, Japan), Proceedings of JATP 64rd Meeting, p.87-p.90(Poster sessions), 6,November, 2001.
3. A Low-Risk-Taking Approach: Helping the Elderly Drive Safer, XXV International Congress of Applied Psychology (Singapore), CD-ROM containing the abstracts presented at the ICAP 2002 (Poster

sessions),11,July,2002.

4．高齢ドライバーの運転適性について　日本交通心理学会二〇〇四年大会特別講演　二〇〇四年五月一三日（茨城大学）．

5．Driving behaviours of elderly drivers in the daily lives, International Conference on Traffic and Transport Psychology in 2004 (Nottingham, UK), Book of Abstract, p.157 (Poster sessions), 6, September, 2004.

6．認知症ドライバーの行政措置をめぐって　日本交通心理士会二〇〇六年大会特別講演　二〇〇六年一一月一三日（東京都トラック会館）．

7．認知症と高齢者の運転について—認知症ドライバー問題への心理学からの貢献可能性—　日本交通心理学会二〇〇八年大会シンポジウム　二〇〇八年六月一五日（川崎医療福祉大学）．

8．Clinical care and consultation for elderly drivers who were forced to give up their drivers' license, 4th International Conference on Traffic and Transport Psychology in 2008 (Washington DC, USA), Book of Abstract [O126](Oral Presentation), September 2, 2008. http://www.icttp.com/presentations/pdfs/O126.pdf

9．高齢ドライバーの運転免許更新に関する心理学の立場からの貢献　日本心理学会二〇〇八年大会小講演　大会発表論文集L（六）　二〇〇八年九月一九日（北海道大学）．

10．交通心理学から見る高齢者の問題　早稲田大学心理学会・第六回教養講座講演　二〇〇八年一二月六日（早稲田大学）　http://www.waseda.jp/assoc-wpa/kouza_top.htm

11．The new mobility system for elderly people in rural areas in Japan, Annual Congress (2009) of Japanese Association of Traffic Psychology (Naha,Japan), Proceedings of Annual Congress 2009, p.134-p.137, (Poster sessions), 13, June, 2009.

12．高齢ドライバーの安全・安心と健康　日本健康心理学会二〇〇九度大会招待講演　二〇〇九年九月七日（玉川大学）．

【マスコミ取材・地域活動】

1．（財）茨城県交通安全協会・［協力］茨城県警察本部交通部（二〇〇一年七月）【研究プロジェクト】
「高齢ドライバー運転適性プロジェクト—茨城県における高齢者講習時の運転適性診断データ等の分析研

究」
2．サンデー毎日（二〇〇四年一一月六日号　一三八―一四一ページ）【専門家インタビュー】
「高齢ドライバー事故　一〇年間で倍増―それでも親に運転させますか」
3．日経 Masters（二〇〇五年七月号　二〇―二四ページ）【専門家インタビュー】
「運転のアンチエイジング術」
4．NHKラジオ第一放送（二〇〇六年一二月七日）【単独出演】
「いきいきホットライン～高齢者いつまで運転できますか？」
5．クルマ社会を問い直す会・二〇〇八年度総会での講演（二〇〇八年五月二四日）【単独講演】
「高齢ドライバー激増時代」
6．第三七回交通安全夏期大学セミナー〈交通科学協議会主催〉（二〇〇八年七月二六日）【単独講演】
「高齢者と自動車運転（認知症）」
7．NHK総合テレビ（二〇〇八年九月二〇日）【専門家インタビュー】
「おはよう首都圏」
8．第一三回交通大学（マイクロメイト岡山㈱主催）・第四講座（二〇〇八年一一月一九日）【単独講演】
「認知機能検査導入による今後の高齢者講習のあり方」
9．二〇〇八年度交通安全教育指導者研修会（［主催］（財）日本交通安全教育普及協会、［後援］内閣府）（二〇〇九年一月二七日）【単独講演】「交通社会における高齢者の問題」
10．Monthly The Safety Japan〈本田技研工業〉（二〇〇九年二月一〇日　SJ四三一号）【単独取材】
「私の提言―高齢ドライバーが激増する交通社会に譲る心〝ギブウェイ〟の精神を！」
http://www.honda.co.jp/safetyinfo/sj/09-02/index.html
11．（社）自動車技術会第五回トラフィックセイフティ部門委員会（二〇〇九年三月二六日）【単独講演】
「交通心理学から観た高齢ドライバーの問題」
12．NHKラジオ第一放送（二〇〇九年五月二六日）【単独出演】
「私も一言！　夕方ニュース～あなたは運転に自信がありますか？―高齢者ドライバーに認知機能検査義務づけ」

13．中国新聞（二〇〇九年五月三〇日朝刊）【専門家インタビュー】
「免許更新時に認知機能検査―お年寄りの事故抑止、来月から七五歳以上義務化」
14．クロワッサン七六三号（二〇〇九年八月二五日号　八五ページ）&七六四号（九月一〇日号　一五三ページ）【単独取材】
「高齢ドライバー激増時代に備えて①&②（介護二三四・二三五）」
15．共同通信社配信記事（長崎新聞二〇一〇年三月二一日など一八紙）【専門家インタビュー】
「認知症ドライバー―免許返納に抵抗強く」
16．茨城県議会・文教治安委員会（二〇一〇年七月三〇日）【単独講演】「学童通学路の安全確保」
17．テレビ東京（二〇一〇年九月四日）【専門家インタビュー】
「週刊ニュース新書・高齢者の交通事故を減らせ」
18．茨城県第九次交通安全計画策定委員会委員【専門委員】（二〇一〇年九月一日～二〇一一年三月三一日）

引用文献

朝日新聞記事　二〇〇五年一一月二七日　通学路、安全手探り　危険マップ・消防車巡回…　広島女児殺害に悩む自治体【大阪】
朝日新聞記事　二〇〇五年一二月三日　Y字路、友達と別れる　周囲に林、薄暗い道　栃木・小一殺害
朝日新聞記事　二〇〇七年一一月二二日　ICタグで登下校見守り　広島女児殺害　きょう二年【大阪】
朝日新聞記事　二〇〇九年一一月七日　迂回路の悲劇、対策鈍く、自転車通学の小一、交通事故死　茨城の町道／茨城県
朝日新聞記事　二〇一一年六月二二日　現場から：　一一知事選／四　学校の安全　登下校見守る高齢者／群馬
朝日新聞記事　二〇一一年一一月三日　過疎の町、総出で子育て　大人と合同授業「みんなに居場所」山形のNPO
朝日新聞記事　二〇一二年一月一日　いま神話の終章　東海村長・村上達也さん【茨城】
フライブルグ・カーシェアリング資料（http://www.eic.or.jp/library/pickup/pu050317.html）
藤原正彦　二〇〇五　国家の品格　新潮社
本間昭・伊集院睦雄　二〇〇七　認知機能の状況を確認する手法に関する基礎的研究（Ⅱ）：平成一八年度受託研究成果報告書　東京都老人総合研究所
茨城新聞記事　二〇〇九年一一月一五日　一四一七人が自転車通学　県内小学生実態調査
池田学　二〇一〇　認知症：専門医が語る診断・治療・ケア　中央公論新社
川勝平太　二〇〇六　陸の文明、海の文明、国際交通安全学会（編）　交通が結ぶ文明と文化　技報堂出版　一—四一ページ

越川禮子　二〇〇六　身につけよう！江戸しぐさ　ロングセラーズ
越川禮子　二〇〇七　暮らしうるおう江戸しぐさ　朝日新聞社
ロンドン・コンジェスチョンチャージ資料（http://www.tfl.gov.uk/assets/downloads/cc-zone-showing-removal-4Jan2011-m）
毎日新聞記事　二〇〇五年一一月二六日　広島・小一女児殺害：小さな一歩どう守る　街を包む怒り、不安
南日本新聞記事　二〇一一年一〇月四日　連載［校区に生きる―かごしま小中学校再編・第二部］三／山あいのスクールバス＝五校が統合、見守り不安
内閣府　二〇一一　交通安全白書（平成二三年度版）
日本経済新聞記事　二〇〇九年七月二日（夕刊）　狭い路地では「傘かしげ」―ご当地しぐさでマナー教育学ぶ
日本交通心理学会ホームページ（http://jatp-web.jp/）
産経新聞記事　一九九八年八月四日　江戸のことば（四〇）「江戸っ子」は紳士中の紳士
（社）日本ナショナル・トラスト協会ホームページ（http://www.ntrust.or.jp/index.html）
（社）日本臨床心理士会のホームページ（http://jsccp.jp/）
下野新聞記事　二〇一一年一一月二日　登下校の見守り活動評価／町老人ク連に文科大臣表彰／上三川／全小学校区で連日
塩野七生　二〇〇一　すべての道はローマに通ず　ローマ人の物語Ⅹ　新潮社
Solomon, P.R., Hirschoff, A., and Kelly, B. 1998. A 7 minute neurocognitive screening battery highly sensitive to Alzheimer's disease. *Arch Neurology*, 55, 349-355.
所正文　一九九七　中高年齢者の運転適性　白桃書房
所正文　二〇〇一　高齢ドライバー・運転適性プロジェクト報告書　（財）茨城県交通安全協会
所正文　二〇〇二　働く者の生涯発達―働くことと生きること　白桃書房
所正文　二〇〇七　高齢ドライバー・激増時代―交通社会から日本を変えていこう　学文社
所正文　二〇〇八ａ　高齢ドライバーの運転免許更新をめぐる問題　老年社会科学　三〇（一）、九八―一〇五ページ
所正文　二〇〇八ｂ　交通心理学から見る高齢者の問題　早稲田大学心理学会・第六回教養講座講演（http://

www.waseda.jp/assoc-wpa/kouza_top.htm)
所正文　二〇一〇　交通心理士への期待—認知症ドライバーへの貢献役割　交通心理士会誌、二、二八—三三ページ
所正文　二〇一一a　超高齢社会における新交通システム—欧州諸国での調査事例をもとに　公営企業、四二（二）、二—一三ページ
Tokoro, M. 2011b. An Issue on Automotive Society in Europe: From the viewpoint of environment and aged problem, *The Politics and Economics Review*, 155, 71-85.
所正文　二〇一一c　高齢者講習における運転適性診断の改善課題と交通心理士への期待　交通科学、四一（二）、四七—五二ページ
東京読売新聞記事　二〇一一年六月八日「教育ルネサンス」学校の安全（二）登下校も大人が見守り
月尾嘉男　二〇〇六　縮小文明と交通の未来、国際交通安全学会（編）交通が結ぶ文明と文化　技報堂出版、二二五—二六一ページ
上村直人他　二〇〇五　認知症高齢者と自動車運転—運転継続の判断が困難であった　認知症患者一〇例の精神医学的考察　老年精神医学雑誌　一六、八二二—八三〇ページ
山崎弘之　二〇一一　イギリスの道路〝ラウンドアバウト〟と権利意識　政経論叢、一五七、一—二二ページ
（財）日本臨床心理士資格認定協会　二〇一一　新・臨床心理士になるために〈平成二三年版〉誠信書房
（財）日本臨床心理士資格認定協会のホームページ（http://www.fjcbcp.or.jp/）

おわりに

本書では、「交通の窓」から今大きな転換期にある日本と世界を眺め、二一世紀における交通社会のあり方、さらには人間社会のあり方を模索しました。

二一世紀は決して二〇世紀の延長線上にあるわけではありません。我々の抜本的な発想の転換なくしては、乗り切ることができない時代であるといえます。市場・環境論的な構造転換と文化・文明論的な構造転換が求められております。

そんな矢先の二〇一一年三月一一日にマグニチュード九・〇を記録した、わが国観測史上最大規模の大震災が東日本を襲いました。そして、それに追い打ちをかけたのが福島原発事故でした。本書で訴えたいコンセプトは、この「三・一一の教訓」と相通ずるものがあります。三・一一の教訓を改めて整理してみたいと思います。

わが国の原子力技術の専門家たちが、当然想定しなければならないことを、想定していなかったということが日本国民のみならず、全世界の人々に大きな衝撃を与えました。そして、危機管理の不十分さが、結果的に多くの日本国民の生命を危機に陥れたわけであり、全世界の人々に対して大きな教訓を示すことになりました。

この不幸な原発事故は、巨大な台風、火山の大噴火といった自然災害による被害とはまったく性質が異なります。人間が二〇世紀に手に入れたテクノロジーによって自らを破滅へと導いているからです。したがって、日本人に究極の発想の転換を迫っているように思えます。原子力を十分にコントロールできないのであれば、それを捨てるという究極の選択をするべきではないかと。これはおそらく究極の発想の転換であり、パラダイム・シフトに他なりません。

これまで、チェルノブイリ原発事故なども起こっていたため、原発が危険であることは一応知識としてはわかっていたはずですが、多くの日本国民の気持ち中に「この日本で炉心溶融という重大事故はまず起こらない」という油断があったことは否めません。日本で長年原発が行われてきた背景には、政府、原発関係者、そして国民が安心しきっていたことが深く関わっていたように思えます。

私たちは、地震国で生活しており、原発をもつことに対して大きなリスクを抱えていることを認識しなければなりません。この点は、地震のない国々とは根本的に異なります。そのため、仮にエネルギー政策転換のために大きなコストがかかっても、国民の生命を守るための必要不可欠な経費と考える発想の転換が必要であると思います。三・一一は、それくらい大きな教訓を我々に示した事故であるといえます。また、そもそも人口の多い東京や大阪につくれない原発施設を人口の少ない東北地方であるならばつくってよいという理屈は成り立つのでしょうか。こうした点も問い直してみる必要があるでしょう。

本書の中で、経済発展を急ぐ余りに急ピッチで路線を拡大している中国の高速鉄道が、安全性を軽視しているため、先日の大事故に繋がった可能性があると示唆しました。しかし、日本の原発事故も本質的にはまったく同じであることを、今回の三・一一は示しております。二一世紀において、日本社会が生まれ変わるために、三・一一は大きな教訓を日本国民に与えたといえます。

二〇世紀型の論理、すなわち経済効率優先の論理からすれば、原発なしで日本経済を維持していくことは不可能であると決めつけるのではなく、まさに今だからこそ、未来に向けて夢をもち、日本の技術と日本人の創意工夫によって、世界のどの国も成し遂げたことがない、画期的といえるエネルギー供給の方法を、この日本で実現してほしいと思います。これが二一世紀型の論理であり、再生可能エネルギーの開発に本気で取り組むべきあると期待を込めて提案したいと思います。まさに究極の発想の転換が求められております。

本書のコンセプトも二〇世紀型の論理を捨てて、二一世紀型の論理に切り替えられるかどうかという発想の転換が、自動車の世紀の存続の鍵になっております。

秩序立てられた車の利用法を守らず、「自分だけは二〇世紀型の便利な利用をしても大丈夫であろう」という考えをもち続けた場合には、二一世紀の交通社会は大混乱するでしょう。想定外の事態が続出し、人類は自滅の道を歩むことになるでしょう。二一世紀への構造転換とは、まさにそうしたことが試されているといえるのです。

思えば、三一年前に就職した日本通運㈱（日通総合研究所）での仕事がきっかけとなり、私は自動車交通に関心をもつことになりました。その後、大学教員へと転身した後もこの問題意識をもち続け、国士舘大学在職中にはイギリス・シェフィールド大学への一年間の在外研究の機会にも恵まれました。そうした経過を踏まえて、私は、二一世紀の交通社会と人間社会のあり方において、ようやく一定の見通しをもつことができつつあります。

本書の出版に際して、大きなお力添えをいただきました学文社の三原多津夫・元専務取締役、並びに二村和樹氏に対して心から御礼申し上げたいと存じます。今後も一定の間隔で本書の続編が発表できるように、引き続き研究調査を行ってまいりたいと思います。

最後に日頃から私の研究活動を支えてくれている立正大学の同僚諸氏、学会・研究会や企業の友人方々、そして母親、妻、子どもたちに感謝の意を表したいと思います。

二〇一二年一月

水戸の自宅にて

所　正文

ら

わ

索　引

[著者紹介]

所　正文（ところ　まさぶみ）

1957年水戸市生まれ．早稲田大学第一文学部卒業，同･大学院修士課程修了，文学博士．

現在 立正大学心理学部教授，主幹総合交通心理士．産業･交通場面における心理学研究に長年取り組み，最近では生涯発達心理学にも本格的に取り組んでいる．1988年に東京都知事賞，日本労働協会長賞を受賞．2004年には日本応用心理学会賞を受賞．2003-'04年に英国シェフィールド大学 Visiting Professor.

次の2つの研究テーマの展開をライフワークにしている．

1. 交通社会における高齢ドライバー研究
2. 職業人のキャリアデザイン，ライフデザイン研究

2テーマは「高齢者研究・生涯発達研究」というブリッジで結ばれている．研究の最終ゴールを現象の記述や分析のレベルに留めるのではなく，高齢時代を生きる人々のQOL（Quality of Life）を高める臨床的実践活動の展開であると考える．主要単著は次のとおりである．

『日本企業の人的資源』（白桃書房），『中高年齢者の運転適性』（白桃書房，文部省科学研究費助成図書），『働く者の生涯発達』（白桃書房），『高齢ドライバー・激増時代』（学文社），The shift towards American-style human resource management systems and the transformation of workers' attitudes at Japanese firms（*Asian Business & Management*）. The possibilities of the help to the elderly who are forced to abandon driving licenses（*Japanese Journal of Applied Psychology*）など．高齢社会における心理学研究の専門家として，国内外の学会，新聞・テレビ等のメディアにて幅広く活動を行っている．

車社会も超高齢化――心理学で解く近未来

2012年5月25日　第1版第1刷発行

著者　所　正文

発行者　田中千津子

発行所　株式会社　学文社

〒153-0064　東京都目黒区下目黒3-6-1
電話　03（3715）1501（代）
FAX 03（3715）2012
http://www.gakubunsha.com

印刷　新灯印刷
製本　小泉企画

ISBN978-4-7620-2289-0